执行法律文书
样 式

人民法院出版社 编

人民法院出版社

图书在版编目（CIP）数据

执行法律文书样式 / 人民法院出版社编. -- 北京：人民法院出版社, 2024. 8. -- ISBN 978-7-5109-4210-5

Ⅰ. D926.13

中国国家版本馆CIP数据核字第20248XM936号

执行法律文书样式
人民法院出版社　编

策划编辑	兰丽专
责任编辑	杨　洁
出版发行	人民法院出版社
地　　址	北京市东城区东交民巷27号（100745）
电　　话	（010）67550562（责任编辑）　67550558（发行部查询）
	65223677（读者服务部）
客 服 QQ	2092078039
网　　址	http://www.courtbook.com.cn
E － mail	courtpress@sohu.com
印　　刷	天津嘉恒印务有限公司
经　　销	新华书店

开　　本	787毫米×1092毫米　1/16
字　　数	267千字
印　　张	19
版　　次	2024年8月第1版　2024年8月第1次印刷
书　　号	ISBN 978－7－5109－4210－5
定　　价	68.00元

版权所有　侵权必究

编辑说明

为了更好促进公正司法，维护当事人权益，2016年6月28日，最高人民法院发布《人民法院民事裁判文书制作规范》《民事诉讼文书样式》，对规范和统一民事裁判文书标准，提高民事诉讼文书质量具有重要意义。2016年的样式已不能完全满足司法实践需要，根据修改后的民事诉讼法及民诉法司法解释，及时补充、整合、注解人民法院诉讼文书样式确有必要。而执行程序作为诉讼程序中的一个关键环节，起着实现维护当事人权益的决定性作用。与法院执行工作有关的法律文书，多而杂。在此，为回应读者对裁判文书司法需求的建议，我们编写了本书。

本书是在最高人民法院2016年颁布的《人民法院民事裁判文书制作规范》《民事诉讼文书样式》的基础上补充、整合、注解而成。本书全面收录新增文书样式，将新增文书样式置于与已有文书样式最具关联性的位置，以脚注形式标明新增文书样式的出处，并编号排序，实现新增文书样式与已有文书样式无缝对接。本书主要具有以下特色：

第一，内容全面。本书以文书种类为分类依据，收录了执行程序中的各种裁定书、通知、公告、函、表格，种类非常全面；涉及的主要领域为民事执行方面。

第二，文本规范。本书中法律文书的文书样式与使用说明均参考了人民法院印发的《民事诉讼文书样式》和《执行文书样式

（试行）》，来源权威、可靠，内容准确、具体，具有很大的参考价值。

第三，具体实用。增设【说明】【裁判依据】栏目。【说明】栏目对文书样式引用已被修正或修订的法律依据予以说明，对新增的规定予以提示。【裁判依据】栏目列明文书样式应引用的法律依据。让读者对前后规范一目了然。

第四，便于检索。本书在体系设置上，按照文书种类进行了划分，结构清晰、分类明确。

本书是为法官和当事人使用、制作、参考法律文书样式专门打造的一部应用型法律工具书，我们期望它能起到应有的参考和指引作用。由于编者水平有限，如有疏漏之处，请广大读者不吝批评指正。

编者

2024 年 8 月

目 录

一、申请执行及委托执行

1. 受理案件通知书(执行实施用) ······ 1
2. 受理案件通知书(执行审查用) ······ 3
3. 执行通知书(通知被执行人用) ······ 6
4. 执行决定书(依申请将被执行人纳入失信被执行人名单用) ······ 10
5. 执行决定书(依职权将被执行人纳入失信被执行人名单用) ······ 12
6. 执行决定书(纠正或者驳回将被执行人纳入失信被执行人名单用) ······ 14
7. 函(委托执行用) ······ 16
8. 函(接受委托执行案件用) ······ 19
9. 函(退回委托执行案件用) ······ 21
10. 移送函(执行转破产程序用) ······ 23
11. 执行财产分配方案(参与分配用) ······ 25

二、限制出境措施

12. 执行决定书(限制被执行人出境用) ······ 28
13. 执行决定书(解除限制出境用) ······ 32

三、执行中止与终结

14. 执行裁定书(中止执行用) ······ 34
15. 执行裁定书(终结本次执行程序用) ······ 37

16. 通知书(终结本次执行程序后恢复执行用)……………………… 40
17. 执行裁定书(终结执行用)……………………………………… 42
18. 执行通知书(中止执行后恢复执行用)………………………… 45

四、执行金钱给付

19. 通知书(通知申请执行人提供被执行人财产状况用)………… 47
20. 报告财产令(命令被执行人报告财产用)……………………… 49
21. 通知书(通知第三人履行到期债务用)………………………… 53
22. 证明书(证明第三人已履行债务用)…………………………… 55
23. 协助执行通知书…………………………………………………… 57
23—1. 协助查封不动产通知书……………………………………… 60
23—2. 协助继续查封不动产通知书………………………………… 62
23—3. 解除查封不动产通知书……………………………………… 64
24—1. 协助查询存款通知书………………………………………… 66
24—2. 协助查询存款通知书(回执)………………………………… 67
25—1. 协助冻结存款通知书………………………………………… 69
25—2. 协助冻结存款通知书(回执)………………………………… 70
26—1. 协助划拨存款通知书………………………………………… 72
26—2. 协助划拨存款通知书(回执)………………………………… 73
27—1. 解除冻结存款通知书………………………………………… 75
27—2. 解除冻结存款通知书(回执)………………………………… 76
28—1—1. 协助查询股权、其他投资权益通知书………………… 78
28—1—2. 协助查询股权、其他投资权益通知书(回执)………… 79
28—2—1. 协助冻结股权通知书…………………………………… 81
28—2—2. 协助冻结股权通知书(回执)…………………………… 82
28—3. 协助冻结上市公司质押股票通知书………………………… 84
29—1. 协助公示冻结、续行冻结通知书…………………………… 87
29—2. 公示冻结、续行冻结(公示内容)…………………………… 88
29—3. 协助公示冻结、续行冻结(回执)…………………………… 89

30－1. 协助公示解除冻结通知书 …………………………………… 91
30－2. 解除冻结信息需求书(公示内容) …………………………… 92
30－3. 解除冻结通知书(回执) ……………………………………… 93
31－1. 协助变更股东登记通知书 …………………………………… 95
31－2. 公示股东变更登记信息需求书(公示内容) ………………… 96
31－3. 协助变更股东登记通知书(回执) …………………………… 97
32. 通知书(责令金融机构追回被转移的冻结款项用) …………… 99
33. 通知书(责令协助执行单位追回擅自支付款项用) …………… 101
34. 通知书(责令责任人追回财产用) ……………………………… 103
35. 通知书(由法院强制保管产权证照用) ………………………… 105
36. 证照(财物)保管清单 …………………………………………… 107
37. 证照(财物)发还清单 …………………………………………… 109
38. 保管财产委托书 ………………………………………………… 111
39. 执行裁定书(查封、扣押、冻结财产用) ………………………… 113
40. 执行裁定书(划拨存款用) ……………………………………… 115
41. 执行裁定书(扣留、提取被执行人收入用) …………………… 117
42. 执行裁定书(责令有关单位向申请执行人支付已到期收益用) … 120
43. 执行裁定书(禁止被执行人转让知识产权用) ………………… 123
44. 执行裁定书(轮候查封、扣押、冻结财产用) …………………… 126
45. 执行裁定书(预查封用) ………………………………………… 130
46. 执行裁定书(冻结被执行人投资权益或股权用) ……………… 133
47. 执行裁定书(冻结被执行人预期收益用) ……………………… 136
48. 执行裁定书(解除查封、扣押、冻结等强制执行措施用) ……… 139
49. 执行裁定书(拍卖用) …………………………………………… 142
50. 执行裁定书(拍卖成交确认用) ………………………………… 145
51. 执行裁定书(变卖用) …………………………………………… 148
52. 执行裁定书(以物抵债用) ……………………………………… 152
53. 价格评估委托书 ………………………………………………… 156
54. 拍卖(变卖)委托书 ……………………………………………… 158

55. 拍卖通知书 …………………………………………………… 160
56. 查封公告 ……………………………………………………… 162
57. 查封(扣押、冻结)财产清单 ……………………………… 164
58. 拍卖公告 ……………………………………………………… 166
59. 公告(强制迁出房屋或退出土地用) ……………………… 168
60. 搜查令 ………………………………………………………… 170

五、执行财产交付及完成行为

61. 通知书(责令交出财物、票证用) ………………………… 172
62. 委托书(代为完成指定行为用) …………………………… 175
63. 通知书(责令追回财物或票证用) ………………………… 177

六、审查不予执行申请

64. 执行裁定书(审查不予执行国内仲裁裁决申请用) ……… 179
65. 执行裁定书(审查不予执行涉外仲裁裁决申请用) ……… 183
66. 执行裁定书(审查不予执行公证债权文书申请用) ……… 186

七、执行管辖

67. 函(报请上级人民法院执行用) …………………………… 190
67-1. 函(商请移送执行用) …………………………………… 192
67-2. 函(移送执行用) ………………………………………… 193
68. 执行决定书(指定执行管辖用) …………………………… 196
69. 执行裁定书(提级执行用) ………………………………… 198
70. 执行裁定书(指定执行用) ………………………………… 201
71. 执行决定书(决定与下级法院共同执行案件用) ………… 205
71-1. 执行决定书(上级法院依报请、依职权提级执行、指令执行用) …… 207
71-2. 执行决定书(上级法院依报请、依职权决定集中执行用) …… 209
71-3. 执行决定书(上级法院依报请、依职权决定协同执行用) …… 211
72. 执行令(执行外国法院判决用) …………………………… 213

八、变更或追加执行当事人

73. 执行裁定书(变更申请执行人用) …………………………………… 215
74. 执行裁定书(执行到期债权用) …………………………………… 218
75. 执行裁定书(以担保财产赔偿损失用) …………………………… 221
76. 执行裁定书(暂缓执行期届满后执行担保人财产用) …………… 224
77. 执行裁定书(执行保证人财产用) ………………………………… 227
78. 执行裁定书(变更分立、合并、注销后的法人或其他组织为被执行人用) …………………………………………………… 230
79. 执行裁定书(追加对其他组织依法承担义务的法人或者公民为被执行人用) …………………………………………………… 233
80. 执行裁定书(变更名称变更后的法人或其他组织为被执行人用) …… 236
81. 执行裁定书(变更遗产继承人为被执行人用) …………………… 239
82. 执行裁定书(追究擅自处分被查封、扣押、冻结财产的责任人赔偿责任用) …………………………………………………… 242
83. 执行裁定书(追究擅自解冻冻结款项造成后果的金融机构赔偿责任用) …………………………………………………… 245
84. 执行裁定书(追究擅自支付收入的有关单位赔偿责任用) ……… 248
85. 执行裁定书(追究擅自支付股息或办理股权转移手续的有关企业赔偿责任用) …………………………………………………… 251

九、执行协调与执行监督

86. 报告(报请协调处理执行争议用) ………………………………… 254
87. 执行决定书(上级法院依报请协调执行争议用) ………………… 257
88. 协调划款决定书(上级法院处理执行争议案件用) ……………… 259
89. 执行裁定书(当事人、利害关系人异议用) ……………………… 261
90. 执行裁定书(案外人异议用) ……………………………………… 265
91. 执行裁定书(执行复议用) ………………………………………… 268
92. 督促执行令(上级法院督促下级法院执行用) …………………… 272

93. 暂缓执行通知书(上级法院通知下级法院用) ……………………… 274
94. 执行决定书(本院决定暂缓执行用) …………………………………… 276
95. 暂缓执行通知书(上级法院通知下级法院延长期限用) …………… 278
96. 恢复执行通知书(上级法院通知下级法院用) ……………………… 280
97. 执行裁定书(上级法院直接裁定不予执行非诉法律文书用) ………… 282
98. 执行裁定书(执行监督案件驳回当事人申诉请求用) ………………… 286
99. 执行裁定书(执行监督案件指令下级法院重新审查处理用) ………… 289
100. 执行裁定书(执行回转用) ……………………………………………… 292

一、申请执行及委托执行

1. 受理案件通知书（执行实施用）

××××人民法院
受理案件通知书

（××××）……执……号

×××：

×××与×××……（写明案由）一案，本院（或其他生效法律文书的作出机关）作出的（××××）……号民事判决（或其他生效法律文书）已发生法律效力。你/你单位向本院申请执行。经审查，该申请符合法定受理条件，本院决定立案执行。（如为移送执行案件，写明：）××××移送执行，本院决定立案执行。现将有关事宜通知如下：

一、请补充提交被执行人名下财产情况。

二、本案由法官/执行员×××负责执行。

特此通知。

××××年××月××日
（院印）

联 系 人：×××　　　　联系电话：……
本院地址：……　　　　邮　　编：……

【说明】

本样式参照《中华人民共和国民事诉讼法》第一百二十九条规定制定，供人民法院在执行立案后向申请执行人送达立案受理通知，告知相关权利义务时用。

【裁判依据】

《中华人民共和国民事诉讼法》（2023年修正）

第一百二十九条　人民法院对决定受理的案件，应当在受理案件通知书和应诉通知书中向当事人告知有关的诉讼权利义务，或者口头告知。

2. 受理案件通知书（执行审查用）

××××人民法院
受理案件通知书

（××××）……执……号

×××：

×××与×××……（写明案由）一案，你/你单位向本院提出异议/申请复议，本院立案审查。现将有关事项通知如下：

一、本案合议庭由审判长×××、审判员×××、审判员×××组成。书记员由×××担任。

二、自然人应当提交身份证或者通行证、护照复印件；法人或者其他组织应当提交营业执照或者事业单位法人代码证复印件、法定代表人或者主要负责人身份证明书。

三、当事人、法定代理人可以委托一至二人作为诉讼代理人。委托他人行使权利，必须向人民法院提交由委托人签名或者盖章的授权委托书。授权委托书必须记明委托事项和权限。

侨居在国外的中华人民共和国公民从国外寄交或者托交的授权委托书，必须经中华人民共和国驻该国的使领馆证明；没有使领馆的，由与中华人民共和国有外交关系的第三国驻该国的使领馆证明，再转由中华人民共和国驻该第三国使领馆证明，或者由当地的爱国华侨团体证明。

四、根据《最高人民法院关于人民法院在互联网公布裁判文书的规定》，本院作出的生效裁判文书将在中国裁判文书网上公布。如果你认为案件涉及个人隐私或商业秘密，申请对裁判文书中的有关内容进行技术处理或者申请不予公布的，至迟应在裁判文书送达之日起三日内以书面形式提出并说明具体理由。经本院审查认为理由正当的，可以在公布裁判文书时隐去相关内容或不予公布。

五、如需向本院提交或补充材料，应附材料清单和电子版。

特此通知。

×××　年××月××日
（院印）

联 系 人：×××　　　联系电话：……
本院地址：……　　　　邮　　编：……

【说明】

本样式参照《中华人民共和国民事诉讼法》第一百二十九条规定制定，供人民法院在当事人、利害关系人、案外人向法院提出异议或者申请复议时，告知相关权利时用。

【裁判依据】

《中华人民共和国民事诉讼法》（2023年修正）

第一百二十九条 人民法院对决定受理的案件，应当在受理案件通知书和应诉通知书中向当事人告知有关的诉讼权利义务，或者口头告知。

3. 执行通知书（通知被执行人用）

××××人民法院
执行通知书

（××××）……执……号

×××：

你/你单位与×××……（写明案由）一案，本院（或其他生效法律文书的作出机关）（××××）……号民事判决（或写明其他生效法律文书）已发生法律效力。申请执行人（或委托、移送、报请执行的单位）×××于××××年××月××日向本院申请/委托/移送/报请强制执行，本院于××××年××月××日立案。依照《中华人民共和国民事诉讼法》第二百五十一条、《最高人民法院关于人民法院执行工作若干问题的规定（试行）》第22条规定，责令你/你单位履行下列义务：

……

开户银行：××××

账户名称：××××

账　　号：……

特此通知。

××××年××月××日
（院印）

联系人：×××　　　　　联系电话：……

本院地址：……　　　　邮　　编：……

风险提示：

根据《最高人民法院关于公布失信被执行人名单信息的若干规定》第一条的规定，被执行人有履行能力而不履行生效法律文书确定的义务并具有下列情形之一的，人民法院将其纳入失信被执行人名单，依法对其进行信用惩戒：

（一）以伪造证据、暴力、威胁等方法妨碍、抗拒执行的；

（二）以虚假诉讼、虚假仲裁或者以隐匿、转移财产等方法规避执行的；

（三）违反财产报告制度的；

（四）违反限制消费令的；

（五）无正当理由拒不履行执行和解协议的；

（六）其他有履行能力而拒不履行生效法律文书确定义务的。

【说明】

1. 本样式根据《中华人民共和国民事诉讼法》第二百五十一条、《最高人民法院关于人民法院执行工作若干问题的规定（试行）》第 22 条、《最高人民法院关于公布失信被执行人名单信息的若干规定》第一条规定制定，供人民法院在执行立案后向被执行人送达执行通知书，告知义务及不履行的风险时用。

2. 被执行人履行的义务中应当写明案件受理费、其他诉讼费用、申请执行费的数额。

【裁判依据】

《中华人民共和国民事诉讼法》（2023 年修正）

第二百五十一条　执行员接到申请执行书或者移交执行书，应当向被执行人发出执行通知，并可以立即采取强制执行措施。

《最高人民法院关于人民法院执行工作若干问题的规定（试行）》（2020 年修正）

第 22 条　人民法院应当在收到申请执行书或者移交执行书后十日内发出执行通知。

执行通知中除应责令被执行人履行法律文书确定的义务外，还应通知其承担民事诉讼法第二百五十三条[①]规定的迟延履行利息或者迟延履行金。

《最高人民法院关于公布失信被执行人名单信息的若干规定》（2017 年修正）

第一条　被执行人未履行生效法律文书确定的义务，并具有下列情形之一的，人民法院应当将其纳入失信被执行人名单，依法对其进行信用惩戒：

（一）有履行能力而拒不履行生效法律文书确定义务的；

（二）以伪造证据、暴力、威胁等方法妨碍、抗拒执行的；

（三）以虚假诉讼、虚假仲裁或者以隐匿、转移财产等方法规避执行的；

（四）违反财产报告制度的；

（五）违反限制消费令的；

---

① 2023 年修正的民事诉讼法第二百六十四条。

（六）无正当理由拒不履行执行和解协议的。

第二条 被执行人具有本规定第一条第二项至第六项规定情形的，纳入失信被执行人名单的期限为二年。被执行人以暴力、威胁方法妨碍、抗拒执行情节严重或具有多项失信行为的，可以延长一至三年。

失信被执行人积极履行生效法律文书确定义务或主动纠正失信行为的，人民法院可以决定提前删除失信信息。

《最高人民法院关于执行款物管理工作的规定》（法发〔2017〕6号）

第五条 执行人员应当在执行通知书或有关法律文书中告知人民法院执行款专户或案款专户的开户银行名称、账号、户名，以及交款时应当注明执行案件案号、被执行人姓名或名称、交款人姓名或名称、交款用途等信息。

4. 执行决定书（依申请将被执行人纳入失信被执行人名单用）

××××人民法院
执行决定书

（××××）……执……号

本院在执行××××人民法院（或其他生效法律文书的作出机关）（××××）……号民事判决（或其他生效法律文书）中，申请执行人×××申请将被执行人×××纳入失信被执行人名单。

本院经审查认为，……（写明将被执行人纳入失信被执行人名单的事实和理由）。依照《中华人民共和国民事诉讼法》第二百六十六条、《最高人民法院关于公布失信被执行人名单信息的若干规定》第×条第×款规定，决定如下：

将×××纳入失信被执行人名单。

本决定一经作出即生效。

××××年××月××日

（院印）

【说明】

本样式根据《中华人民共和国民事诉讼法》第二百六十六条、《最高人民法院关于公布失信被执行人名单信息的若干规定》第五条第二款规定制定，供人民法院根据申请执行人的申请将被执行人纳入失信被执行人名单时用。

【裁判依据】

《中华人民共和国民事诉讼法》（2023年修正）

第二百六十六条 被执行人不履行法律文书确定的义务的，人民法院可以对其采取或者通知有关单位协助采取限制出境，在征信系统记录、通过媒体公布不履行义务信息以及法律规定的其他措施。

《最高人民法院关于公布失信被执行人名单信息的若干规定》（2017年修正）

第五条第二款 申请执行人认为被执行人具有本规定第一条规定情形之一的，可以向人民法院申请将其纳入失信被执行人名单。人民法院应当自收到申请之日起十五日内审查并作出决定。人民法院认为被执行人具有本规定第一条规定情形之一的，也可以依职权决定将其纳入失信被执行人名单。

5. 执行决定书（依职权将被执行人纳入失信被执行人名单用）

××××人民法院
执行决定书

（××××）……执……号

本院在执行×××与×××……（写明案由）一案中，经查，……（写明将被执行人纳入失信被执行人名单的事实和理由）。依照《中华人民共和国民事诉讼法》第二百六十六条、《最高人民法院关于公布失信被执行人名单信息的若干规定》第×条第×款规定，决定如下：

将×××纳入失信被执行人名单。

本决定一经作出即生效。

××××年××月××日

（院印）

【说明】

本样式根据《中华人民共和国民事诉讼法》第二百六十六条、《最高人民法院关于公布失信被执行人名单信息的若干规定》第五条第二款规定制定，供人民法院依职权将被执行人纳入失信被执行人名单时用。

【裁判依据】

《中华人民共和国民事诉讼法》（2023年修正）

第二百六十六条 被执行人不履行法律文书确定的义务的，人民法院可以对其采取或者通知有关单位协助采取限制出境，在征信系统记录、通过媒体公布不履行义务信息以及法律规定的其他措施。

《最高人民法院关于公布失信被执行人名单信息的若干规定》（2017年修正）

第五条第二款 申请执行人认为被执行人具有本规定第一条规定情形之一的，可以向人民法院申请将其纳入失信被执行人名单。人民法院应当自收到申请之日起十五日内审查并作出决定。人民法院认为被执行人具有本规定第一条规定情形之一的，也可以依职权决定将其纳入失信被执行人名单。

6. 执行决定书（纠正或者驳回将被执行人纳入失信被执行人名单用）

××××人民法院
执行决定书

（××××）……执……号

本院在执行×××与×××……（写明案由）一案中，被执行人×××认为将其纳入失信被执行人名单错误，向我院申请纠正。

本院经审查认为，……（写明准许或者驳回申请的事实和理由）。依照《中华人民共和国民事诉讼法》第二百六十六条、《最高人民法院关于公布失信被执行人名单信息的若干规定》第十一条规定，决定如下：

（应当删除的，写明：）将×××从失信被执行人名单中删除。

（应当修改的，写明：）……（修改的内容）。

（应当驳回的，写明：）驳回×××的申请。

本决定一经作出即生效。

××××年××月××日

（院印）

【说明】

本样式根据《中华人民共和国民事诉讼法》第二百六十六条、《最高人民法院关于公布失信被执行人名单信息的若干规定》第十一条规定制定,供人民法院纠正或者驳回将被执行人纳入失信被执行人名单申请时用。

【裁判依据】

《中华人民共和国民事诉讼法》(2023年修正)

第二百六十六条　被执行人不履行法律文书确定的义务的,人民法院可以对其采取或者通知有关单位协助采取限制出境,在征信系统记录、通过媒体公布不履行义务信息以及法律规定的其他措施。

《最高人民法院关于公布失信被执行人名单信息的若干规定》(2017年修正)

第十一条　被纳入失信被执行人名单的公民、法人或其他组织认为有下列情形之一的,可以向执行法院申请纠正:

(一)不应将其纳入失信被执行人名单的;

(二)记载和公布的失信信息不准确的;

(三)失信信息应予删除的。

7. 函（委托执行用）

××××人民法院
委托执行函

（××××）……执……号

××××人民法院：

　　本院在执行×××与×××……（写明案由）一案中，……（写明当事人未能履行义务的情况及委托执行的理由）。依照《中华人民共和国民事诉讼法》第二百四十条第一款规定，特委托你院代为执行……（写明案件或有关事项），并将执行结果及时函复我院。

　　附：1. 申请执行书和委托执行案件审批表
　　　　2. 据以执行的生效法律文书（副本）
　　　　3. 有关案件情况的材料或者说明
　　　　4. 申请执行人地址、联系电话
　　　　5. 被执行人身份证件或者营业执照复印件、地址、联系电话
　　　　6. 其他必要的案件材料

××××年××月××日
（院印）

联系人：×××　　　　　联系电话：……
本院地址：……　　　　　邮　　编：……

【说明】

本样式根据《中华人民共和国民事诉讼法》第二百四十条第一款、《最高人民法院关于委托执行若干问题的规定》制定，供人民法院委托其他人民法院执行案件或者事项时用。

【裁判依据】

《中华人民共和国民事诉讼法》（2023年修正）

第二百四十条第一款　被执行人或者被执行的财产在外地的，可以委托当地人民法院代为执行。受委托人民法院收到委托函件后，必须在十五日内开始执行，不得拒绝。执行完毕后，应当将执行结果及时函复委托人民法院；在三十日内如果还未执行完毕，也应当将执行情况函告委托人民法院。

《最高人民法院关于委托执行若干问题的规定》（2020年修正）

第三条　委托执行应当以执行标的物所在地或者执行行为实施地的同级人民法院为受托执行法院。有两处以上财产在异地的，可以委托主要财产所在地的人民法院执行。

被执行人是现役军人或者军事单位的，可以委托对其有管辖权的军事法院执行。

执行标的物是船舶的，可以委托有管辖权的海事法院执行。

第四条　委托执行案件应当由委托法院直接向受托法院办理委托手续，并层报各自所在的高级人民法院备案。

事项委托应当通过人民法院执行指挥中心综合管理平台办理委托事项的相关手续。

第五条　案件委托执行时，委托法院应当提供下列材料：

（一）委托执行函；

（二）申请执行书和委托执行案件审批表；

（三）据以执行的生效法律文书副本；

（四）有关案件情况的材料或者说明，包括本辖区无财产的调查材料、财产保全情况、被执行人财产状况、生效法律文书的履行情况等；

（五）申请执行人地址、联系电话；

（六）被执行人身份证件或者营业执照复印件、地址、联系电话；

（七）委托法院执行员和联系电话；

（八）其他必要的案件材料等。

第六条 委托执行时，委托法院应当将已经查封、扣押、冻结的被执行人的异地财产，一并移交受托法院处理，并在委托执行函中说明。

委托执行后，委托法院对被执行人财产已经采取查封、扣押、冻结等措施的，视为受托法院的查封、扣押、冻结措施。受托法院需要继续查封、扣押、冻结，持委托执行函和立案通知书办理相关手续。续封续冻时，仍为原委托法院的查封冻结顺序。

查封、扣押、冻结等措施的有效期限在移交受托法院时不足1个月的，委托法院应当先行续封或者续冻，再移交受托法院。

8. 函（接受委托执行案件用）

××××人民法院
接受委托执行案件复函

（××××）……执……号

××××人民法院：

　　你院××××年××月××日（××××）……号来函及附件收悉。现将你院委托执行的×××与×××……（写明案由）一案立案通知书（副本）、受托事项办理情况函复你院。请你院代为送达我院立案通知书（副本），并通知申请执行人可以直接与我院联系。

　　附：执行立案通知书（副本）

××××年××月××日
（院印）

联 系 人：×××　　　　　联系电话：……

本院地址：……　　　　　邮　　编：……

【说明】

1. 本样式根据《最高人民法院关于委托执行若干问题的规定》第七条规定制定，供受托法院在收到委托后将立案通知书送至委托法院，并将指定的承办人、联系电话、地址等告知委托法院时用。

2. 根据《最高人民法院关于委托执行若干问题的规定》第八条规定，如发现委托执行的手续、资料不全，应及时要求委托法院补办，但不得据此拒绝接受委托。

【裁判依据】

《最高人民法院关于委托执行若干问题的规定》（2020年修正）

第七条　受托法院收到委托执行函后，应当在7日内予以立案，并及时将立案通知书通过委托法院送达申请执行人，同时将指定的承办人、联系电话等书面告知委托法院。

委托法院收到上述通知书后，应当在7日内书面通知申请执行人案件已经委托执行，并告知申请执行人可以直接与受托法院联系执行相关事宜。

第八条　受托法院如发现委托执行的手续、材料不全，可以要求委托法院补办。委托法院应当在30日内完成补办事项，在上述期限内未完成的，应当作出书面说明。委托法院既不补办又不说明原因的，视为撤回委托，受托法院可以将委托材料退回委托法院。

9. 函（退回委托执行案件用）

××××人民法院
退回委托执行案件函

（××××）……执……号

××××人民法院：

  你院××××年××月××日委托执行的×××与×××……（写明案由）一案，委托执行的手续/材料不全，我院曾请你院补充有关手续/材料，但你院既未补办又不说明原因。经报请××××高级人民法院批准，现将本案退回你院。

  请予查收。

××××年××月××日
（院印）

联系人：×××　　　　联系电话：……
本院地址：……　　　　邮　　编：……

【说明】

本样式根据《最高人民法院关于委托执行若干问题的规定》第八条、第九条规定制定，供人民法院退回委托执行案件时用。

【裁判依据】

《最高人民法院关于委托执行若干问题的规定》（2020 年修正）

第八条 受托法院如发现委托执行的手续、材料不全，可以要求委托法院补办。委托法院应当在 30 日内完成补办事项，在上述期限内未完成的，应当作出书面说明。委托法院既不补办又不说明原因的，视为撤回委托，受托法院可以将委托材料退回委托法院。

第九条 受托法院退回委托的，应当层报所在辖区高级人民法院审批。高级人民法院同意退回后，受托法院应当在 15 日内将有关委托手续和案卷材料退回委托法院，并作出书面说明。

委托执行案件退回后，受托法院已立案的，应当作销案处理。委托法院在案件退回原因消除之后可以再行委托。确因委托不当被退回的，委托法院应当决定撤销委托并恢复案件执行，报所在的高级人民法院备案。

10. 移送函（执行转破产程序用）

××××人民法院
移送函

（××××）……执……号

××××人民法院：

　　我院在执行×××与×××……（写明案由）一案中，被执行人×××不能清偿到期债务，并且资产不足以清偿全部债务/明显缺乏清偿能力。被执行人×××的住所地……，在你院管辖范围内。经申请执行人×××/被执行人×××同意，我院已裁定中止对×××的执行。依照《中华人民共和国企业破产法》第二条第一款、《最高人民法院关于适用〈中华人民共和国民事诉讼法〉的解释》第五百一十一条规定，将执行案件相关材料移送你院，请按《中华人民共和国企业破产法》的有关规定办理。

　　附：执行案件相关材料

××××年××月××日
（院印）

联 系 人：×××　　　　　联系电话：……
本院地址：……　　　　　邮　　编：……

【说明】

本样式根据《中华人民共和国企业破产法》第二条第一款、《最高人民法院关于适用〈中华人民共和国民事诉讼法〉的解释》第五百一十一条规定制定，供人民法院在企业法人不能清偿到期债务，并且资产不足以清偿全部债务或者明显缺乏清偿能力，向被执行人住所地法院移送执行案件材料时用。

【裁判依据】

《中华人民共和国企业破产法》（2006年公布）

第二条第一款 企业法人不能清偿到期债务，并且资产不足以清偿全部债务或者明显缺乏清偿能力的，依照本法规定清理债务。

《最高人民法院关于适用〈中华人民共和国民事诉讼法〉的解释》（2022年修正）

第五百一十一条 在执行中，作为被执行人的企业法人符合企业破产法第二条第一款规定情形的，执行法院经申请执行人之一或者被执行人同意，应当裁定中止对该被执行人的执行，将执行案件相关材料移送被执行人住所地人民法院。

11. 执行财产分配方案（参与分配用）

××××人民法院
执行财产分配方案

（××××）……执……号

债权人：×××，男/女，××××年××月××日出生，×族，……（写明工作单位和职务或者职业），住……。

法定代理人/指定代理人：×××，……。

委托诉讼代理人：×××，……。

债权人：×××，住所地……。

法定代表人/主要负责人：×××，……。

委托诉讼代理人：×××，……。

被执行人：×××，……。

法定代理人/指定代理人/法定代表人/主要负责人：×××，……。

委托诉讼代理人：×××，……。

（以上写明债权人、被执行人和其他诉讼参加人的姓名或者名称等基本信息）

本院在执行×××与×××……（写明案由）案件中，因被执行人×××可供执行的财产不足以清偿全部债务，债权人×××、债权人×××申请参与分配。本院依法组成合议庭，对债权人的申请审查完毕，并作出参与分配方案。

本院现已查控被执行人×××的财产为……（或已变价的款项数额为……元），并于××××年××月××日，召开债权人听证会，听取了债权人对财产分配的意见。债权人意见如下：

债权人×××认为，……（写明意见）。

债权人×××认为，……（写明意见）。

上述债权人已经/未能达成一致意见。

本院查明，……（写明被执行人所有债务的类型及数额）。

本院认为，……（写明各个债权的受偿顺序、受偿比例、数额及理由）。

综上所述，依照《最高人民法院关于适用〈中华人民共和国民事诉讼法〉执行程序若干问题的解释》第十七条、《最高人民法院关于适用〈中华人民共和国民事诉讼法〉的解释》第五百零六条、第五百零九条规定，债权人受偿如下：

……（分项写明各个债权的受偿顺序及数额）。

债权人、被执行人对分配方案有异议的，应当自收到本分配方案之日起十五日内向本院提出书面异议。

审　判　长　×××
审　判　员　×××
审　判　员　×××

××××年××月××日
（院印）
法 官 助 理　×××
书　记　员　×××

【说明】

本样式根据《最高人民法院关于适用〈中华人民共和国民事诉讼法〉执行程序若干问题的解释》第十七条、《最高人民法院关于适用〈中华人民共和国民事诉讼法〉的解释》第五百零六条、第五百零九条规定制定，供人民法院在被执行人的财产不能清偿全部债务情况下，进行财产分配时用。

【裁判依据】

《最高人民法院关于适用〈中华人民共和国民事诉讼法〉执行程序若干问题的解释》（2020年修正）

第十七条　多个债权人对同一被执行人申请执行或者对执行财产申请参与分配的，执行法院应当制作财产分配方案，并送达各债权人和被执行人。债权人或者被执行人对分配方案有异议的，应当自收到分配方案之日起十五日内向执行法院提出书面异议。

《最高人民法院关于适用〈中华人民共和国民事诉讼法〉的解释》（2022年修正）

第五百零六条　被执行人为公民或者其他组织，在执行程序开始后，被执行人的其他已经取得执行依据的债权人发现被执行人的财产不能清偿所有债权的，可以向人民法院申请参与分配。

对人民法院查封、扣押、冻结的财产有优先权、担保物权的债权人，可以直接申请参与分配，主张优先受偿权。

第五百零九条　多个债权人对执行财产申请参与分配的，执行法院应当制作财产分配方案，并送达各债权人和被执行人。债权人或者被执行人对分配方案有异议的，应当自收到分配方案之日起十五日内向执行法院提出书面异议。

二、限制出境措施

12. 执行决定书（限制被执行人出境用）

××××人民法院
执行决定书

（××××）……执……号

申请执行人：×××，……。

被执行人：×××，……。

（以上写明申请执行人、被执行人的姓名或者名称等基本信息）

本院依据已经发生法律效力的……（写明生效法律文书的案号和名称），于××××年××月××日向被执行人×××发出执行通知书，责令被执行人……（写明指定履行的义务），但被执行人×××未履行该义务。申请执行人×××向本院提出申请，请求限制被执行人×××（或被执行人的法定代表人/主要负责人/影响债务履行的直接责任人×××）出境。

本院经审查认为，申请执行人×××的申请符合法律规定。依照《中华人民共和国出境入境管理法》第十二条第三项（被执行人为外国人的，引用《中华人民共和国出境入境管理法》第二十八条第二项）、《中华人民共和国民事诉讼法》第二百六十六条（被执行人为单位的，增加引用《最高人民法院关于适用〈中华人民共和国民事诉讼法〉执行程序若干问题的解释》第二十四条）规定，决定如下：

限制被执行人（或被执行人的法定代表人/主要负责人/影响债务履行的直接责任人）×××（写明护照或通行证号码）出境。

×××× 年 ×× 月 ×× 日

（院印）

【说明】

1. 本样式根据《中华人民共和国出境入境管理法》第十二条第三项、第二十八条第二项和《中华人民共和国民事诉讼法》第二百六十六条、《最高人民法院关于适用〈中华人民共和国民事诉讼法〉执行程序若干问题的解释》第二十四条规定制定，供人民法院限制被执行人出境时用。

2. 被执行人为单位的，可以对其法定代表人、主要负责人或者影响债务履行的直接责任人限制出境。被执行人为无民事行为能力人或者限制民事行为能力人的，可以对其法定代理人限制出境。

3. 人民法院依职权决定限制被执行人出境时，参照本样式制作文书。

【裁判依据】

《中华人民共和国出境入境管理法》（2012 年公布）

第十二条 中国公民有下列情形之一的，不准出境：

（一）未持有效出境入境证件或者拒绝、逃避接受边防检查的；

（二）被判处刑罚尚未执行完毕或者属于刑事案件被告人、犯罪嫌疑人的；

（三）有未了结的民事案件，人民法院决定不准出境的；

（四）因妨害国（边）境管理受到刑事处罚或者因非法出境、非法居留、非法就业被其他国家或者地区遣返，未满不准出境规定年限的；

（五）可能危害国家安全和利益，国务院有关主管部门决定不准出境的；

（六）法律、行政法规规定不准出境的其他情形。

第二十八条 外国人有下列情形之一的，不准出境：

（一）被判处刑罚尚未执行完毕或者属于刑事案件被告人、犯罪嫌疑人的，但是按照中国与外国签订的有关协议，移管被判刑人的除外；

（二）有未了结的民事案件，人民法院决定不准出境的；

（三）拖欠劳动者的劳动报酬，经国务院有关部门或者省、自治区、直辖市人民政府决定不准出境的；

（四）法律、行政法规规定不准出境的其他情形。

《中华人民共和国民事诉讼法》（2023年修正）

第二百六十六条 被执行人不履行法律文书确定的义务的，人民法院可以对其采取或者通知有关单位协助采取限制出境，在征信系统记录、通过媒体公布不履行义务信息以及法律规定的其他措施。

《最高人民法院关于适用〈中华人民共和国民事诉讼法〉执行程序若干问题的解释》（2020年修正）

第二十四条 被执行人为单位的，可以对其法定代表人、主要负责人或者影响债务履行的直接责任人员限制出境。

被执行人为无民事行为能力人或者限制民事行为能力人的，可以对其法定代理人限制出境。

13. 执行决定书（解除限制出境用）

××××人民法院
执行决定书

（××××）……执……号

申请执行人：×××，……。

被执行人：×××，……。

（以上写明申请执行人、被执行人的姓名或者名称等基本信息）

本院于××××年××月××日作出（××××）……执……号执行决定，限制被执行人（或被执行人的法定代表人/主要负责人/影响债务履行的直接责任人）×××出境。……（写明解除限制出境的理由）。依照《中华人民共和国出境入境管理法》第六十五条、《最高人民法院关于适用〈中华人民共和国民事诉讼法〉执行程序若干问题的解释》第二十五条规定，决定如下：

解除对被执行人（或被执行人的法定代表人/主要负责人/影响债务履行的直接责任人）×××（写明护照或通行证号码）的出境限制。

××××年××月××日
（院印）

【说明】

1. 本样式根据《中华人民共和国出境入境管理法》第六十五条、《最高人民法院关于适用〈中华人民共和国民事诉讼法〉执行程序若干问题的解释》第二十五条规定制定，供人民法院解除对被执行人出境限制时用。

2. 被执行人为单位的，可以对其法定代表人、主要负责人或者影响债务履行的直接责任人解除限制出境。被执行人为无民事行为能力人或者限制民事行为能力人的，可以对其法定代理人解除限制出境。

【裁判依据】

《中华人民共和国出境入境管理法》（2012年公布）

第六十五条 对依法决定不准出境或者不准入境的人员，决定机关应当按照规定及时通知出入境边防检查机关；不准出境、入境情形消失的，决定机关应当及时撤销不准出境、入境决定，并通知出入境边防检查机关。

《最高人民法院关于适用〈中华人民共和国民事诉讼法〉执行程序若干问题的解释》（2020年修正）

第二十五条 在限制出境期间，被执行人履行法律文书确定的全部债务的，执行法院应当及时解除限制出境措施；被执行人提供充分、有效的担保或者申请执行人同意的，可以解除限制出境措施。

三、执行中止与终结

14. 执行裁定书（中止执行用）

××××人民法院
执行裁定书

（××××）……执……号

申请执行人：×××，……。
法定代理人/指定代理人/法定代表人/主要负责人：×××，……。
委托诉讼代理人：×××，……。
被执行人：×××，……。
法定代理人/指定代理人/法定代表人/主要负责人：×××，……。
委托诉讼代理人：×××，……。
（以上写明申请执行人、被执行人和其他诉讼参加人的姓名或者名称等基本信息）

本院在执行×××与×××……（写明案由）一案中，……（写明中止执行的事实和理由）。依照《中华人民共和国民事诉讼法》第二百六十七条第一款第×项、第二百六十九条规定，裁定如下：

中止（××××）……号（生效法律文书）的执行。

（如中止执行法律文书主文部分内容的，写明：）中止（××××）……号（生效法律文书）第×项的执行。

本裁定送达后立即生效。

        审　判　长　×××
        审　判　员　×××
        审　判　员　×××

        ××××年××月××日
        （院印）
        法　官　助　理　×××
        书　记　员　×××

【说明】

本样式根据《中华人民共和国民事诉讼法》第二百六十七条第一款规定制定，供人民法院裁定中止执行时用。

【裁判依据】

《中华人民共和国民事诉讼法》（2023年修正）

第二百六十七条第一款 有下列情形之一的，人民法院应当裁定中止执行：

（一）申请人表示可以延期执行的；

（二）案外人对执行标的提出确有理由的异议的；

（三）作为一方当事人的公民死亡，需要等待继承人继承权利或者承担义务的；

（四）作为一方当事人的法人或者其他组织终止，尚未确定权利义务承受人的；

（五）人民法院认为应当中止执行的其他情形。

第二百六十九条 中止和终结执行的裁定，送达当事人后立即生效。

15. 执行裁定书（终结本次执行程序用）

××××人民法院
执行裁定书

（××××）……执……号

申请执行人：×××，……。

法定代理人/指定代理人/法定代表人/主要负责人：×××，……。

委托诉讼代理人：×××，……。

被执行人：×××，……。

……

（以上写明申请执行人、被执行人和其他诉讼参加人的姓名或者名称等基本信息）

本院在执行×××与×××……（写明案由）一案中，……（写明终结本次执行程序的事实和理由）。依照《最高人民法院关于适用〈中华人民共和国民事诉讼法〉的解释》第五百一十七条规定，裁定如下：

终结本次执行程序。

申请执行人发现被执行人有可供执行财产的，可以再次申请执行。

本裁定送达后立即生效。

审　判　长　×××
审　判　员　×××
审　判　员　×××

××××年××月××日
（院印）
法官助理　×××
书　记　员　×××

【说明】

本样式根据《最高人民法院关于适用〈中华人民共和国民事诉讼法〉的解释》第五百一十七条规定制定，供人民法院裁定终结本次执行程序时用。

【裁判依据】

《最高人民法院关于适用〈中华人民共和国民事诉讼法〉的解释》（2022年修正）

第五百一十七条 经过财产调查未发现可供执行的财产，在申请执行人签字确认或者执行法院组成合议庭审查核实并经院长批准后，可以裁定终结本次执行程序。

依照前款规定终结执行后，申请执行人发现被执行人有可供执行财产的，可以再次申请执行。再次申请不受申请执行时效期间的限制。

16. 通知书（终结本次执行程序后恢复执行用）

××××人民法院
恢复执行通知书

（××××）……执恢……号

×××：

本院于××××年××月××日以（××××）……号执行裁定对×××与×××……（写明案由）一案终结本次执行程序。现因申请执行人××××发现被执行人×××有可供执行的财产，依照《最高人民法院关于适用〈中华人民共和国民事诉讼法〉的解释》第五百一十七条第二款规定，本院决定恢复×××与×××……（写明案由）一案的执行。

特此通知。

××××年××月××日
（院印）

联 系 人：×××　　　　联系电话：……
本院地址：……　　　　邮　　编：……

【说明】

本样式根据《最高人民法院关于适用〈中华人民共和国民事诉讼法〉的解释》第五百一十七条第二款规定制定，供人民法院在终结本次执行程序后恢复执行，通知当事人时用。

【裁判依据】

《最高人民法院关于适用〈中华人民共和国民事诉讼法〉的解释》（2022年修正）

第五百一十七条第二款 依照前款规定终结执行后，申请执行人发现被执行人有可供执行财产的，可以再次申请执行。再次申请不受申请执行时效期间的限制。

17. 执行裁定书（终结执行用）

××××人民法院
执行裁定书

（××××）……执……号

申请执行人：×××，……。
法定代理人/指定代理人/法定代表人/主要负责人：×××，……。
委托诉讼代理人：×××，……。
被执行人：×××，……。
……
（以上写明申请执行人、被执行人和其他诉讼参加人的姓名或者名称等基本信息）

本院在执行申请执行人×××与被执行人×××……（写明案由）一案中，……（写明终结执行的事实和理由）。依照《中华人民共和国民事诉讼法》第二百六十八条第×项［在执行中被执行人被人民法院裁定宣告破产的，增加引用《最高人民法院关于人民法院执行工作若干问题的规定（试行）》第61条］规定，裁定如下：

（本案仅有一个被执行人的，写明:）终结（××××）……号案件的执行。

（本案有两个以上被执行人，仅有部分被执行人符合终结执行条件的，写明:）终结（××××）……号案件中对被执行人×××的执行。

本裁定送达后立即生效。

审 判 长 ×××

审 判 员 ×××

审 判 员 ×××

××××年××月××日

(院印)

法 官 助 理 ×××

书 记 员 ×××

【说明】

1. 本样式根据《中华人民共和国民事诉讼法》第二百六十八条、《最高人民法院关于人民法院执行工作若干问题的规定（试行）》第 61 条规定制定，供人民法院终结执行时用。

2. 案件终结执行后必须及时解除对被执行人财产的强制执行措施。

【裁判依据】

《中华人民共和国民事诉讼法》（2023 年修正）

第二百六十八条　有下列情形之一的，人民法院裁定终结执行：

（一）申请人撤销申请的；

（二）据以执行的法律文书被撤销的；

（三）作为被执行人的公民死亡，无遗产可供执行，又无义务承担人的；

（四）追索赡养费、扶养费、抚养费案件的权利人死亡的；

（五）作为被执行人的公民因生活困难无力偿还借款，无收入来源，又丧失劳动能力的；

（六）人民法院认为应当终结执行的其他情形。

《最高人民法院关于人民法院执行工作若干问题的规定（试行）》（2020 年修正）

第 61 条　在执行中，被执行人被人民法院裁定宣告破产的，执行法院应当依照民事诉讼法第二百五十七条[①]第六项的规定，裁定终结执行。

---

① 2023 年修正的民事诉讼法第二百六十八条。

18. 执行通知书（中止执行后恢复执行用）

××××人民法院
恢复执行通知书

（××××）……执……号

×××：

　　本院于××××年××月××日作出（××××）……号执行裁定，中止执行×××与×××……（写明案由）一案。现因……（写明恢复执行的事实和理由）。依照《中华人民共和国民事诉讼法》第二百六十七条第二款、《最高人民法院关于人民法院执行工作若干问题的规定（试行）》第60条（当事人未履行执行和解协议，要求恢复执行原生效法律文书的，增加引用《最高人民法院关于适用〈中华人民共和国民事诉讼法〉的解释》第四百六十五条）规定，本院决定恢复（××××）……号案件的执行。

　　特此通知。

××××年××月××日
（院印）

联系人：×××　　　　　　联系电话：……
本院地址：……　　　　　　邮　　编：……

【说明】

1. 本样式根据《中华人民共和国民事诉讼法》第二百六十七条第二款、《最高人民法院关于人民法院执行工作若干问题的规定（试行）》第 60 条、《最高人民法院关于适用〈中华人民共和国民事诉讼法〉的解释》第四百六十五条规定制定，供人民法院在中止执行情形消失后恢复执行，书面通知当事人时用。

2. 不予恢复执行的通知书，可参照本样式制作。

【裁判依据】

《中华人民共和国民事诉讼法》（2023 年修正）

第二百六十七条第二款　中止的情形消失后，恢复执行。

《最高人民法院关于人民法院执行工作若干问题的规定（试行）》（2020 年修正）

第 60 条　中止执行的情形消失后，执行法院可以根据当事人的申请或依职权恢复执行。

恢复执行应当书面通知当事人。

《最高人民法院关于适用〈中华人民共和国民事诉讼法〉的解释》（2022 年修正）

第四百六十五条　一方当事人不履行或者不完全履行在执行中双方自愿达成的和解协议，对方当事人申请执行原生效法律文书的，人民法院应当恢复执行，但和解协议已履行的部分应当扣除。和解协议已经履行完毕的，人民法院不予恢复执行。

四、执行金钱给付

19. 通知书（通知申请执行人提供被执行人财产状况用）

××××人民法院
提供被执行人财产状况通知书

（××××）……执……号

×××：

　　你/你单位申请本院执行与×××……（写明案由）一案，依照《最高人民法院关于民事执行中财产调查若干问题的规定》第一条规定，通知你/你单位向本院提供被执行人×××的财产状况。

　　如不能提供有关被执行人×××财产状况的证据或线索，本院又未能查到可供执行的财产，将依照《最高人民法院关于适用〈中华人民共和国民事诉讼法〉的解释》第五百一十七条第一款规定终结本次执行程序。

　　特此通知。

××××年××月××日
（院印）

联系人：×××　　　　　　联系电话：……
本院地址：……　　　　　　邮　　编：……

【说明】

本样式根据《最高人民法院关于民事执行中财产调查若干问题的规定》第一条规定制定，供人民法院通知申请执行人提供被执行人财产状况时用。

【裁判依据】

《最高人民法院关于民事执行中财产调查若干问题的规定》（2020年修正）

第一条 执行过程中，申请执行人应当提供被执行人的财产线索；被执行人应当如实报告财产；人民法院应当通过网络执行查控系统进行调查，根据案件需要应当通过其他方式进行调查的，同时采取其他调查方式。

《最高人民法院关于适用〈中华人民共和国民事诉讼法〉的解释》（2022年修正）

第五百一十七条第一款 经过财产调查未发现可供执行的财产，在申请执行人签字确认或者执行法院组成合议庭审查核实并经院长批准后，可以裁定终结本次执行程序。

20. 报告财产令（命令被执行人报告财产用）

××××人民法院
报告财产令

（××××）……执……号

×××：

　　本院于××××年××月××日立案执行×××与×××……（写明案由）一案，已向你/你单位送达执行通知书。你/你单位未履行义务，应当限期如实报告财产。依照《中华人民共和国民事诉讼法》第二百五十二条，《最高人民法院关于民事执行中财产调查若干问题的规定》第三条、第四条、第五条、第六条、第七条规定，责令你/你单位在收到此令后××日内，如实向本院报告当前以及收到执行通知之日前一年的财产情况。执行中，如果财产状况发生变动，应当自财产变动之日起十日内向本院补充报告。

　　拒绝报告或者虚假报告，本院将根据情节轻重采取罚款、拘留等措施。

　　此令

　　附：被执行人财产申报表

××××年××月××日
（院印）

联 系 人：×××　　　　　联系电话：……
本院地址：……　　　　　邮　　编：……

附 件

被执行人财产申报表

××××人民法院：

根据你院（××××）……号报告财产令，被执行人×××现向你院申报财产如下：

被执行人基本情况	证件号（身份证或组织机构代码证等）	
	住址（或住所）	
	联系电话	
当前财产情况	收入、银行存款、现金、理财产品、有价证券	
	不动产 （土地使用权、房屋等）	
	动产 （交通运输工具、机器设备、产品、原材料等）	
	财产性权利 （债权、股权、投资权益、基金份额、信托受益权、知识产权等）	
	其他财产情况	
一年内财产变动情况		

被执行人（签名或者盖章）

××××年××月××日

【说明】

1. 本样式根据《中华人民共和国民事诉讼法》第二百五十二条、《最高人民法院关于民事执行中财产调查若干问题的规定》第三条至第七条规定制定，供人民法院责令被执行人报告财产状况时用。

2. 报告财产令中应当写明报告财产的范围、报告财产的期间、拒绝报告或者虚假报告的法律后果等内容。

3. 报告财产令可与执行通知书一并送达被执行人。

【裁判依据】

《中华人民共和国民事诉讼法》（2023年修正）

第二百五十二条　被执行人未按执行通知履行法律文书确定的义务，应当报告当前以及收到执行通知之日前一年的财产情况。被执行人拒绝报告或者虚假报告的，人民法院可以根据情节轻重对被执行人或者其法定代理人、有关单位的主要负责人或者直接责任人员予以罚款、拘留。

《最高人民法院关于民事执行中财产调查若干问题的规定》（2020年修正）

第三条　人民法院依申请执行人的申请或依职权责令被执行人报告财产情况的，应当向其发出报告财产令。金钱债权执行中，报告财产令应当与执行通知同时发出。

人民法院根据案件需要再次责令被执行人报告财产情况的，应当重新向其发出报告财产令。

第四条　报告财产令应当载明下列事项：

（一）提交财产报告的期限；

（二）报告财产的范围、期间；

（三）补充报告财产的条件及期间；

（四）违反报告财产义务应承担的法律责任；

（五）人民法院认为有必要载明的其他事项。

报告财产令应附财产调查表，被执行人必须按照要求逐项填写。

第五条　被执行人应当在报告财产令载明的期限内向人民法院书面报告下列财产情况：

（一）收入、银行存款、现金、理财产品、有价证券；

（二）土地使用权、房屋等不动产；

（三）交通运输工具、机器设备、产品、原材料等动产；

（四）债权、股权、投资权益、基金份额、信托受益权、知识产权等财产性权利；

（五）其他应当报告的财产。

被执行人的财产已出租、已设立担保物权等权利负担，或者存在共有、权属争议等情形的，应当一并报告；被执行人的动产由第三人占有，被执行人的不动产、特定动产、其他财产权等登记在第三人名下的，也应当一并报告。

被执行人在报告财产令载明的期限内提交书面报告确有困难的，可以向人民法院书面申请延长期限；申请有正当理由的，人民法院可以适当延长。

第六条 被执行人自收到执行通知之日前一年至提交书面财产报告之日，其财产情况发生下列变动的，应当将变动情况一并报告：

（一）转让、出租财产的；

（二）在财产上设立担保物权等权利负担的；

（三）放弃债权或延长债权清偿期的；

（四）支出大额资金的；

（五）其他影响生效法律文书确定债权实现的财产变动。

第七条 被执行人报告财产后，其财产情况发生变动，影响申请执行人债权实现的，应当自财产变动之日起十日内向人民法院补充报告。

21. 通知书（通知第三人履行到期债务用）

××××人民法院
通知书

（××××）……执……号

×××：

　　在本院执行×××与×××……（写明案由）一案中，被执行人×××对你/你单位享有到期债权，申请执行人/被执行人×××于××××年××月××日向本院申请执行对你/你单位的到期债权。本院经审查认为，申请执行人/被执行人×××的申请符合法律规定。依照《最高人民法院关于人民法院执行工作若干问题的规定（试行）》第45条、第51条规定，通知如下：

　　你/你单位自收到本通知后的十五日内向申请执行人×××履行对被执行人×××到期债务……元，不得向被执行人清偿。

　　如有异议，应当自收到本通知后的十五日内向本院提出；若擅自向被执行人×××履行，造成财产不能追回的，除在已履行的财产范围内与被执行人承担连带清偿责任外，本院将依法追究你妨害执行的法律责任。

　　逾期不履行又不提出异议的，本院将强制执行。

　　特此通知。

××××年××月××日
（院印）

联　系　人：×××　　　　联系电话：……
本院地址：……　　　　　邮　　编：……

【说明】

1. 本样式根据《最高人民法院关于人民法院执行工作若干问题的规定（试行）》第 45 条、第 51 条规定制定，供人民法院通知第三人履行到期债务时用。

2. 履行通知必须直接送达第三人，不能采取公告送达等方式。

【裁判依据】

《最高人民法院关于人民法院执行工作若干问题的规定（试行）》（2020 年修正）

第 45 条　被执行人不能清偿债务，但对本案以外的第三人享有到期债权的，人民法院可以依申请执行人或被执行人的申请，向第三人发出履行到期债务的通知（以下简称履行通知）。履行通知必须直接送达第三人。

履行通知应当包含下列内容：

（1）第三人直接向申请执行人履行其对被执行人所负的债务，不得向被执行人清偿；

（2）第三人应当在收到履行通知后的十五日内向申请执行人履行债务；

（3）第三人对履行到期债权有异议的，应当在收到履行通知后的十五日内向执行法院提出；

（4）第三人违背上述义务的法律后果。

第 51 条　第三人收到人民法院要求其履行到期债务的通知后，擅自向被执行人履行，造成已向被执行人履行的财产不能追回的，除在已履行的财产范围内与被执行人承担连带清偿责任外，可以追究其妨害执行的责任。

22. 证明书（证明第三人已履行债务用）

××××人民法院
履行债务证明书

（××××）……执……号

在本院执行×××与×××……（写明案由）一案中，第三人×××于××××年××月××日已向申请执行人×××履行对被执行人×××到期债务……元。

特此证明。

××××年××月××日

（院印）

【说明】

本样式根据《最高人民法院关于人民法院执行工作若干问题的规定（试行）》第 53 条规定制定，供人民法院在第三人向申请执行人履行债务后，为第三人出具证明时用。

【裁判依据】

《最高人民法院关于人民法院执行工作若干问题的规定（试行）》（2020 年修正）

第 53 条 第三人按照人民法院履行通知向申请执行人履行了债务或已被强制执行后，人民法院应当出具有关证明。

23. 协助执行通知书

××××人民法院
协助执行通知书

（××××）……执……号

×××：

　　×××与×××……（写明案由）一案，本院（或其他生效法律文书的作出机关）作出的（××××）……号民事判决（或其他生效法律文书）已经发生法律效力。因……（写明协助执行的原因）。依照《中华人民共和国民事诉讼法》第二百五十三条/第二百五十四条/第二百五十五条/第二百六十二条、《最高人民法院关于人民法院执行工作若干问题的规定（试行）》第28条/第29条/第35条、《最高人民法院关于人民法院民事执行中查封、扣押、冻结财产的规定》第一条规定，请协助执行以下事项：

　　……

　　附：（××××）……号裁定书

××××年××月××日
（院印）

联系人：×××　　　　　联系电话：……
本院地址：……　　　　　邮　　编：……

【说明】

本样式根据《中华人民共和国民事诉讼法》第二百五十三条、第二百五十四条、第二百五十五条、第二百六十二条，《最高人民法院关于人民法院执行工作若干问题的规定（试行）》第 28 条、第 29 条、第 35 条，《最高人民法院关于人民法院民事执行中查封、扣押、冻结财产的规定》第一条规定制定，供人民法院通知有关单位协助执行时用。

【裁判依据】

《中华人民共和国民事诉讼法》（2023 年修正）

第二百五十三条 被执行人未按执行通知履行法律文书确定的义务，人民法院有权向有关单位查询被执行人的存款、债券、股票、基金份额等财产情况。人民法院有权根据不同情形扣押、冻结、划拨、变价被执行人的财产。人民法院查询、扣押、冻结、划拨、变价的财产不得超出被执行人应当履行义务的范围。

人民法院决定扣押、冻结、划拨、变价财产，应当作出裁定，并发出协助执行通知书，有关单位必须办理。

第二百五十四条 被执行人未按执行通知履行法律文书确定的义务，人民法院有权扣留、提取被执行人应当履行义务部分的收入。但应当保留被执行人及其所扶养家属的生活必需费用。

人民法院扣留、提取收入时，应当作出裁定，并发出协助执行通知书，被执行人所在单位、银行、信用合作社和其他有储蓄业务的单位必须办理。

第二百五十五条 被执行人未按执行通知履行法律文书确定的义务，人民法院有权查封、扣押、冻结、拍卖、变卖被执行人应当履行义务部分的财产。但应当保留被执行人及其所扶养家属的生活必需品。

采取前款措施，人民法院应当作出裁定。

第二百六十二条 在执行中，需要办理有关财产权证照转移手续的，人民法院可以向有关单位发出协助执行通知书，有关单位必须办理。

《最高人民法院关于人民法院执行工作若干问题的规定（试行）》（2020年修正）

28. 作为被执行人的自然人，其收入转为储蓄存款的，应当责令其交出存单。拒不交出的，人民法院应当作出提取其存款的裁定，向金融机构发出协助执行通知书，由金融机构提取被执行人的存款交人民法院或存入人民法院指定的账户。

29. 被执行人在有关单位的收入尚未支取的，人民法院应当作出裁定，向该单位发出协助执行通知书，由其协助扣留或提取。

35. 被执行人不履行生效法律文书确定的义务，人民法院有权裁定禁止被执行人转让其专利权、注册商标专用权、著作权（财产权部分）等知识产权。上述权利有登记主管部门的，应当同时向有关部门发出协助执行通知书，要求其不得办理财产权转移手续，必要时可以责令被执行人将产权或使用权证照交人民法院保存。

对前款财产权，可以采取拍卖、变卖等执行措施。

《最高人民法院关于人民法院民事执行中查封、扣押、冻结财产的规定》（2020年修正）

第一条 人民法院查封、扣押、冻结被执行人的动产、不动产及其他财产权，应当作出裁定，并送达被执行人和申请执行人。

采取查封、扣押、冻结措施需要有关单位或者个人协助的，人民法院应当制作协助执行通知书，连同裁定书副本一并送达协助执行人。查封、扣押、冻结裁定书和协助执行通知书送达时发生法律效力。

23－1. 协助查封不动产通知书[①]

协助查封不动产通知书

（××××）……执……号

××××县（市、区、旗）不动产登记机构：

关于……（写明当事人姓名或名称和案由）一案，××××人民法院（其他机关、本院）作出的（××××）……裁定书（写明案号）已经发生法律效力，本院依照《中华人民共和国民事诉讼法》第二百五十五条的规定，请协助执行以下事项：

查封被执行人（姓名或名称）×××（证件号码或统一社会信用代码：……）名下不动产单元号为……，坐落为……，不动产权证书号为……的不动产权，查封期限×年，具体查封起始日为不动产登记机构收到本协助执行通知书之日。

附：（××××）……号执行裁定书

××××年××月××日
（公章）

联系人：×××　　　　　联系电话：……

[①] 样式23－1至样式23－3根据《最高人民法院、自然资源部关于开展"总对总"不动产网络查封登记试点工作的通知》（法〔2024〕32号）的附件改写。

【裁判依据】

《中华人民共和国民事诉讼法》（2023年修正）

第二百五十五条 被执行人未按执行通知履行法律文书确定的义务，人民法院有权查封、扣押、冻结、拍卖、变卖被执行人应当履行义务部分的财产。但应当保留被执行人及其所扶养家属的生活必需品。

采取前款措施，人民法院应当作出裁定。

23-2. 协助继续查封不动产通知书

协助继续查封不动产通知书

(××××)……执……号

××××县（市、区、旗）不动产登记机构：

关于……（写明当事人姓名或名称和案由）一案，××××人民法院（其他机关、本院）作出的（××××）……裁定书（写明案号）已经发生法律效力。本院依照《中华人民共和国民事诉讼法》第二百五十五条、《最高人民法院关于适用〈中华人民共和国民事诉讼法〉的解释》第四百八十五条的规定，请协助执行以下事项：

继续查封被执行人（姓名或名称）×××（证件号码或统一社会信用代码：……）名下不动产单位号为……，坐落为……，不动产权证书号为……的不动产权，查封期限×年，自××××年××月××日起至××××年××月××日止。

附：（××××）……号执行裁定书

××××年××月××日

（公章）

联 系 人：×××　　　　联系电话：……

【裁判依据】

《中华人民共和国民事诉讼法》（2023年修正）

第二百五十五条 被执行人未按执行通知履行法律文书确定的义务，人民法院有权查封、扣押、冻结、拍卖、变卖被执行人应当履行义务部分的财产。但应当保留被执行人及其所扶养家属的生活必需品。

采取前款措施，人民法院应当作出裁定。

《最高人民法院关于适用〈中华人民共和国民事诉讼法〉的解释》（2022年修正）

第四百八十五条 人民法院冻结被执行人的银行存款的期限不得超过一年，查封、扣押动产的期限不得超过两年，查封不动产、冻结其他财产权的期限不得超过三年。

申请执行人申请延长期限的，人民法院应当在查封、扣押、冻结期限届满前办理续行查封、扣押、冻结手续，续行期限不得超过前款规定的期限。

人民法院也可以依职办理续行查封、扣押、冻结手续。

23－3. 解除查封不动产通知书

解除查封不动产通知书

（××××）……执……号

××××县（市、区、旗）不动产登记机构：

关于……（写明当事人姓名或名称和案由）一案本院于××××年××月××日查封了被执行人×××（姓名或名称）名下不动产权。现××××人民法院（其他机关、本院）作出的（××××）……号裁定书（写明案号）已经发生法律效力。本院依照《最高人民法院关于人民法院民事执行中查封、扣押、冻结财产的规定》第二十八条的规定请协助执行以下事项：

解除查封被执行人（姓名或名称）×××（证件号码或统一社会信用代码：……），名下不动产单元号为……，坐落为……，不动产权证书号为……的不动产权。

附：（××××）……号执行裁定书

××××年××月××日
（公章）

联 系 人：×××　　　　　联系电话：……

【裁判依据】

《最高人民法院关于人民法院民事执行中查封、扣押、冻结财产的规定》（2020年修正）

第二十八条 有下列情形之一的，人民法院应当作出解除查封、扣押、冻结裁定，并送达申请执行人、被执行人或者案外人：

（一）查封、扣押、冻结案外人财产的；

（二）申请执行人撤回执行申请或者放弃债权的；

（三）查封、扣押、冻结的财产流拍或者变卖不成，申请执行人和其他执行债权人又不同意接受抵债，且对该财产又无法采取其他执行措施的；

（四）债务已经清偿的；

（五）被执行人提供担保且申请执行人同意解除查封、扣押、冻结的；

（六）人民法院认为应当解除查封、扣押、冻结的其他情形。

解除以登记方式实施的查封、扣押、冻结的，应当向登记机关发出协助执行通知书。

24－1. 协助查询存款通知书

××××人民法院
协助查询存款通知书

（××××）……执……号

××××（写明金融机构名称）：

兹因须向你单位查询×××（证件种类、号码：……）的存款，特派我院×××、×××前往你处，请予协助查询为盼。

××××年××月××日

（院印）

联 系 人：×××　　　　联系电话：……
本院地址：……　　　　邮　　编：……

24－2. 协助查询存款通知书（回执）

××××人民法院
协助查询存款通知书
（回执）

××××法院：

　　你院（××××）……号查询存款通知书收悉。现将×××（证件种类、号码：……）的存款情况提供如下：

　　……

××××年××月××日

（公章）

联 系 人：×××　　　　　联系电话：……

地　　址：……　　　　　邮　　编：……

【说明】

1. 本样式根据《中华人民共和国民事诉讼法》第二百五十三条、《最高人民法院关于网络查询、冻结被执行人存款的规定》制定，供人民法院查询存款时用。

2. 人民法院与金融机构已建立网络执行查控机制的，可以通过网络实施查询、冻结被执行人存款等措施。人民法院实施网络执行查控措施，应当事前统一向相应金融机构报备有权通过网络采取执行查控措施的特定执行人员的相关公务证件。办理具体业务时，不再另行向相应金融机构提供执行人员的相关公务证件。人民法院办理网络执行查控业务的特定执行人员发生变更的，应当及时向相应金融机构报备人员变更信息及相关公务证件。

3. 人民法院通过网络查询被执行人存款时，应当向金融机构传输电子协助查询存款通知书。多案集中查询的，可以附汇总的案件查询清单。人民法院向金融机构传输的法律文书，应当加盖电子印章。人民法院出具的电子法律文书、金融机构出具的电子查询、冻结等结果，与纸质法律文书及反馈结果具有同等效力。

4. 人民法院通过网络查询、冻结、续冻、解冻被执行人存款，与执行人员赴金融机构营业场所查询、冻结、续冻、解冻被执行人存款具有同等效力。

【裁判依据】

《中华人民共和国民事诉讼法》（2023年修正）

第二百五十三条 被执行人未按执行通知履行法律文书确定的义务，人民法院有权向有关单位查询被执行人的存款、债券、股票、基金份额等财产情况。人民法院有权根据不同情形扣押、冻结、划拨、变价被执行人的财产。人民法院查询、扣押、冻结、划拨、变价的财产不得超出被执行人应当履行义务的范围。

人民法院决定扣押、冻结、划拨、变价财产，应当作出裁定，并发出协助执行通知书，有关单位必须办理。

25－1. 协助冻结存款通知书

××××人民法院
协助冻结存款通知书

（××××）……执……号

××××（写明金融机构名称）：

　　×××与×××……（写明案由）一案，×××（证件种类、号码：……）在你处××账户的存款……元，请暂停支付×年（自××××年××月××日起至××××年××月××日止）。逾期或解除冻结后，方可支付。

　　附：（××××）……号裁定书

××××年××月××日
（院印）

联 系 人：×××　　　　　联系电话：……
本院地址：……　　　　　邮　　编：……

25－2. 协助冻结存款通知书（回执）

××××人民法院
协助冻结存款通知书
（回执）

××××法院：

　　你院（××××）……号协助冻结存款通知书收悉。×××（证件种类、号码：……）在我处的××账户存款应冻结……元，已冻结……元，未冻结……元，原因为……。

　　　　　　　　　　　　　　　　　　××××年××月××日
　　　　　　　　　　　　　　　　　　　　　（公章）

联 系 人：×××　　　　　联系电话：……
本院地址：……　　　　　　邮　　编：……

【说明】

1. 本样式根据《中华人民共和国民事诉讼法》第二百五十三条规定制定，供人民法院冻结存款时用。

2. 人民法院冻结存款，应当作出裁定，并发出协助执行通知书，金融机构必须办理。

3. 人民法院通过网络冻结被执行人存款时，向金融机构传输的法律文书，应当加盖电子印章。人民法院出具的电子法律文书、金融机构出具的电子查询、冻结等结果，与纸质法律文书及反馈结果具有同等效力。

4. 人民法院通过网络查询、冻结、续冻、解冻被执行人存款，与执行人员赴金融机构营业场所查询、冻结、续冻、解冻被执行人存款具有同等效力。

【裁判依据】

《中华人民共和国民事诉讼法》（2023 年修正）

第二百五十三条 被执行人未按执行通知履行法律文书确定的义务，人民法院有权向有关单位查询被执行人的存款、债券、股票、基金份额等财产情况。人民法院有权根据不同情形扣押、冻结、划拨、变价被执行人的财产。人民法院查询、扣押、冻结、划拨、变价的财产不得超出被执行人应当履行义务的范围。

人民法院决定扣押、冻结、划拨、变价财产，应当作出裁定，并发出协助执行通知书，有关单位必须办理。

26－1. 协助划拨存款通知书

××××人民法院
协助划拨存款通知书

（××××）……执……号

××××（写明金融机构名称）：

本院在执行×××与×××……（写明案由）一案中，因被执行人×××在期限内未予执行，请将该被执行人×××（证件种类、号码：……）在你处××账户的存款……元，划拨至××××银行账户/国库。

开户银行：××××

账户名称：××××

账　　号：……

附：（××××）……号裁定书

××××年××月××日

（院印）

联系人：×××　　　　　　联系电话：……
本院地址：……　　　　　　邮　　编：……

26－2. 协助划拨存款通知书（回执）

××××人民法院
协助划拨存款通知书
（回执）

××××法院：

　　你院（××××）……号协助划拨存款通知书收悉。×××（证件种类、号码：……）在我处的××账户存款……元已划拨至××××银行账户/国库，未划拨……元，原因为……。

××××年××月××日

（公章）

联 系 人：×××　　　　　联系电话：……
地　　址：……　　　　　邮　　编：……

【说明】

本样式根据《中华人民共和国民事诉讼法》第二百五十三条规定制定，供人民法院划拨存款时用。

【裁判依据】

《中华人民共和国民事诉讼法》（2023年修正）

第二百五十三条　被执行人未按执行通知履行法律文书确定的义务，人民法院有权向有关单位查询被执行人的存款、债券、股票、基金份额等财产情况。人民法院有权根据不同情形扣押、冻结、划拨、变价被执行人的财产。人民法院查询、扣押、冻结、划拨、变价的财产不得超出被执行人应当履行义务的范围。

人民法院决定扣押、冻结、划拨、变价财产，应当作出裁定，并发出协助执行通知书，有关单位必须办理。

27－1. 解除冻结存款通知书

××××人民法院
解除冻结存款通知书

（××××）……执……号

××××（写明金融机构名称）：

　　本院××××年××月××日（××××）……号协助冻结存款通知书冻结×××（证件种类、号码：……）在你处××账户的存款……元，现请解除冻结。

　　附：（××××）……号裁定书

××××年××月××日

（院印）

联 系 人：×××　　　　　　联系电话：……

本院地址：……　　　　　　邮　　编：……

27－2. 解除冻结存款通知书（回执）

××××人民法院
解除冻结存款通知书
（回执）

××××法院：

　　你院（××××）……号解除冻结存款通知书收悉。×××（证件种类、号码：……）在我处××账户存款……元，已解除冻结。

　　　　　　　　　　　　　　　××××年××月××日

　　　　　　　　　　　　　　　　　　（公章）

联 系 人：×××　　　　联系电话：……
地　　址：……　　　　邮　　编：……

【说明】

1. 本样式供人民法院解除冻结存款时用。

2. 人民法院通过网络冻结被执行人存款，需要解除冻结的，人民法院应当及时向金融机构传输电子解除冻结裁定书和协助解除冻结存款通知书。人民法院向金融机构传输的法律文书，应当加盖电子印章。人民法院出具的电子法律文书、金融机构出具的电子查询、冻结等结果，与纸质法律文书及反馈结果具有同等效力。

3. 人民法院通过网络查询、冻结、续冻、解冻被执行人存款，与执行人员赴金融机构营业场所查询、冻结、续冻、解冻被执行人存款具有同等效力。

28－1－1. 协助查询股权、其他投资权益通知书

××××人民法院
协助查询通知书

(××××)……执……号

××××市场监督管理局：

　　根据执行案件需要，现向你局查询被执行人×××（证件种类、号码：……）持有公司等市场主体股权、其他投资权益或者……信息。依照《中华人民共和国民事诉讼法》第二百五十三条规定，请予协助查询为盼。

××××年××月××日
(院印)

经办人：×××
联系电话：……

28－1－2. 协助查询股权、其他投资权益通知书（回执）

××××人民法院
协助查询通知书
（回执）

××××人民法院：

　　你院（××××）……号协助查询通知书收悉。经查询，被执行人×××（证件种类、号码：……）持有公司等市场主体股权、其他投资权益等情况如下：

　　……

××××年××月××日
（公章）

经 办 人：×××
联系电话：……

【说明】

本样式根据《最高人民法院、国家工商总局关于加强信息合作规范执行与协助执行的通知》制定，供人民法院查询被执行人的股权、其他投资权益及信息时用。

【裁判依据】

《中华人民共和国民事诉讼法》（2023年修正）

第二百五十三条 被执行人未按执行通知履行法律文书确定的义务，人民法院有权向有关单位查询被执行人的存款、债券、股票、基金份额等财产情况。人民法院有权根据不同情形扣押、冻结、划拨、变价被执行人的财产。人民法院查询、扣押、冻结、划拨、变价的财产不得超出被执行人应当履行义务的范围。

人民法院决定扣押、冻结、划拨、变价财产，应当作出裁定，并发出协助执行通知书，有关单位必须办理。

《最高人民法院、国家工商总局关于加强信息合作规范执行与协助执行的通知》（法〔2014〕251号）

第9条 人民法院对股权、其他投资权益进行冻结或者实体处分前，应当查询权属。

人民法院应先通过企业信用信息公示系统查询有关信息。需要进一步获取有关信息的，可以要求工商行政管理机关予以协助。

执行人员到工商行政管理机关查询时，应当出示工作证或者执行公务证，并出具协助查询通知书。协助查询通知书应当载明被查询主体的姓名（名称）、查询内容，并记载执行依据、人民法院经办人员的姓名和电话等内容。

28-2-1. 协助冻结股权通知书[①]

××××人民法院
协助执行通知书

（××××）……执……号

××××市场监督管理局：

根据本院（××××）……执……号执行裁定，依照《中华人民共和国民事诉讼法》第二百五十三条、《最高人民法院关于人民法院强制执行股权若干问题的规定》第六条规定，请协助执行下列事项：

一、对下列情况进行公示：冻结被执行人×××（证件种类、号码：……）持有×××……（股权的数额），冻结期限自××××年××月××日起至××××年××月××日止；

二、冻结期间，未经本院许可，在你局职权范围内，不得为被冻结股权办理等有碍执行的事项（根据不同的公司类型、冻结需求，载明具体的协助执行事项）。

××××年××月××日
（院印）

经办人：×××
联系电话：……

[①] 样式28-2-1及样式28-2-2根据《最高人民法院关于人民法院强制执行股权若干问题的规定》（法释〔2021〕20号）的附件"主要文书参考样式"改写。

28－2－2. 协助冻结股权通知书（回执）

××××人民法院
协助执行通知书
（回执）

××××人民法院：

　　你院（××××）……执……号执行裁定书、（××××）……执……号协助执行通知书收悉，我局处理结果如下：

　　已于××××年××月××日在国家企业信用信息公示系统将你院冻结股权的情况进行公示，并将在我局职权范围内按照你院要求履行相关协助执行义务。

××××年××月××日

（公章）

经 办 人 员：×××
联 系 电 话：……

【裁判依据】

《中华人民共和国民事诉讼法》（2023年修正）

第二百五十三条 被执行人未按执行通知履行法律文书确定的义务，人民法院有权向有关单位查询被执行人的存款、债券、股票、基金份额等财产情况。人民法院有权根据不同情形扣押、冻结、划拨、变价被执行人的财产。人民法院查询、扣押、冻结、划拨、变价的财产不得超出被执行人应当履行义务的范围。

人民法院决定扣押、冻结、划拨、变价财产，应当作出裁定，并发出协助执行通知书，有关单位必须办理。

《最高人民法院关于人民法院强制执行股权若干问题的规定》（法释〔2021〕20号）

第六条 人民法院冻结被执行人的股权，应当向公司登记机关送达裁定书和协助执行通知书，要求其在国家企业信用信息公示系统进行公示。股权冻结自在公示系统公示时发生法律效力。多个人民法院冻结同一股权的，以在公示系统先办理公示的为在先冻结。

依照前款规定冻结被执行人股权的，应当及时向被执行人、申请执行人送达裁定书，并将股权冻结情况书面通知股权所在公司。

28－3. 协助冻结上市公司质押股票通知书[①]

××××人民法院
协助冻结通知书

（××××）……执……号

中国证券登记结算有限责任公司××××分公司/××××证券公司××××营业部：

  本院执行的×××与×××一案，案件债权额及执行费用总额为……元。经计算，需要对×××（证券账户号：……）持有的已质押的股票（证券名称：×××，证券代码：……）进行冻结，冻结数量为……，冻结期限自××××年××月××日起至××××年××月××日止。

  为满足本院的上述冻结要求，请在系统中对该只已质押股票（质押编号：……）进行标记，标记的期限与上述冻结期限一致。标记范围内的质押股票中任意一部分解除质押的，应将该部分股票调整为冻结状态，你司应将该情况及时通知本院。

  对上述标记和冻结的股票（含/不含孳息），非经本院准许，你司不得为被执行人、质权人办理转让、变更登记等手续。其他人民法院或者其他国家机关要求冻结的，应按轮候冻结依次办理。

  [①] 样式28－3根据《最高人民法院、最高人民检察院、公安部、中国证券监督管理委员会关于进一步规范人民法院冻结上市公司质押股票工作的意见》（法发〔2021〕9号）的附件"协助冻结通知书参考样式"改写。

××××年××月××日

(院　印)

联系人：×××　　　　　　联系电话：……

本院地址：……　　　　　　邮　　编：……

【裁判依据】

《最高人民法院、最高人民检察院、公安部、中国证券监督管理委员会关于进一步规范人民法院冻结上市公司质押股票工作的意见》（法发〔2021〕9号）

第2条 人民法院冻结质押股票时，在协助执行通知书中应当明确案件债权额及执行费用，证券账户持有人名称（姓名）、账户号码，冻结股票的名称、证券代码，需要冻结的数量、冻结期限等信息。

前款规定的需要冻结的股票数量，以案件债权额及执行费用总额除以每股股票的价值计算。每股股票的价值以冻结前一交易日收盘价为基准，结合股票市场行情，一般在不超过20％的幅度内合理确定。

29－1. 协助公示冻结、续行冻结通知书

××××人民法院

协助公示通知书

（××××）……执……号

××××市场监督管理局：

　　根据本院（××××）……号执行裁定，依照《中华人民共和国民事诉讼法》第二百五十三条规定，请协助公示下列事项：

　　冻结/继续冻结被执行人×××（证件种类、号码：……）持有×××……（股权、其他投资权益的数额），冻结期限为×年（自××××年××月××日起至××××年××月××日止）。

　　附：（××××）……号裁定书

××××年××月××日
（院印）

　　经 办 人：×××
　　联系电话：……

29－2. 公示冻结、续行冻结（公示内容）

××××人民法院
协助公示执行信息需求书

执行法院：××××人民法院

执行文书文号：(××××)……号执行裁定书

　　　　　　　(××××)……号协助执行通知书

执行事项：公示冻结/续行冻结股权、其他投资权益

被执行人：×××

被执行人证件种类：×××

被执行人证件号码：……

被执行人持有股权、其他投资权益的数额：……

冻结/续行冻结期限：×年（自××××年××月××日起至××××年××月××日止）

公示日期：××××年××月××日

29－3. 协助公示冻结、续行冻结（回执）

××××人民法院
协助公示通知书
（回执）

××××人民法院：

　　你院（××××）……号执行裁定书、（××××）……号协助公示通知书收悉，我局处理结果如下：

　　已于××××年××月××日在企业信用信息公示系统公示。

××××年××月××日
（公章）

经 办 人：×××

联系电话：……

【说明】

本样式根据《最高人民法院、国家工商总局关于加强信息合作规范执行与协助执行的通知》制定，供人民法院通知市场监管部门对被执行人的股权、其他投资权益公示冻结或者续行冻结时用。

【裁判依据】

《中华人民共和国民事诉讼法》（2023 年修正）

第二百五十三条 被执行人未按执行通知履行法律文书确定的义务，人民法院有权向有关单位查询被执行人的存款、债券、股票、基金份额等财产情况。人民法院有权根据不同情形扣押、冻结、划拨、变价被执行人的财产。人民法院查询、扣押、冻结、划拨、变价的财产不得超出被执行人应当履行义务的范围。

人民法院决定扣押、冻结、划拨、变价财产，应当作出裁定，并发出协助执行通知书，有关单位必须办理。

《最高人民法院、国家工商总局关于加强信息合作规范执行与协助执行的通知》（法〔2014〕251 号）

第 8 条 工商行政管理机关在企业信用信息公示系统中设置"司法协助"栏目，公开登载人民法院要求协助执行的事项。

人民法院要求工商行政管理机关协助公示时，应当制作协助公示执行信息需求书，随协助执行通知书等法律文书一并送达工商行政管理机关。工商行政管理机关按照协助公示执行信息需求书，发布公示信息。

公示信息应当记载执行法院，执行裁定书及执行通知书文号，被执行人姓名（名称），被冻结或转让的股权、其他投资权益所在市场主体的姓名（名称），股权、其他投资权益数额，受让人，协助执行的时间等内容。

30－1. 协助公示解除冻结通知书

××××人民法院
协助公示通知书

（××××）……执……号

××××市场监督管理局：

根据本院（××××）……号执行裁定，依照《中华人民共和国民事诉讼法》第二百五十三条规定，请协助公示下列事项：

解除对被执行人×××（证件种类、号码：……）持有×××……（股权、其他投资权益的数额）的冻结。

附：（××××）……号裁定书

××××年××月××日
（院印）

经　办　人：×××
联系电话：……

30－2. 解除冻结信息需求书（公示内容）

××××人民法院
协助公示执行信息需求书

执行法院：××××人民法院
执行文书文号：（××××）……号执行裁定书
　　　　　　　（××××）……号协助执行通知书
执行事项：解除冻结股权、其他投资权益
被执行人：×××
被执行人证件种类：×××
被执行人证件号码：……
被执行人持有股权、其他投资权益的数额：……
解除冻结日期：××××年××月××日
公示日期：××××年××月××日

30－3. 解除冻结通知书（回执）

××××人民法院
协助公示通知书
（回执）

××××人民法院：

　　你院（××××）……号执行裁定书、（××××）……号协助公示通知书收悉，我局处理结果如下：

　　已于××××年××月××日在企业信用信息公示系统公示。

××××年××月××日

（公章）

经 办 人：×××

联系电话：……

【说明】

本样式根据《最高人民法院、国家工商总局关于加强信息合作规范执行与协助执行的通知》制定，供人民法院通知市场监管部门对被执行人的股权、其他投资权益公示解除冻结时用。

【裁判依据】

《中华人民共和国民事诉讼法》（2023 年修正）

第二百五十三条 被执行人未按执行通知履行法律文书确定的义务，人民法院有权向有关单位查询被执行人的存款、债券、股票、基金份额等财产情况。人民法院有权根据不同情形扣押、冻结、划拨、变价被执行人的财产。人民法院查询、扣押、冻结、划拨、变价的财产不得超出被执行人应当履行义务的范围。

人民法院决定扣押、冻结、划拨、变价财产，应当作出裁定，并发出协助执行通知书，有关单位必须办理。

31－1. 协助变更股东登记通知书

××××人民法院
协助执行通知书

(××××)……执……号

××××市场监督管理局：

　　根据本院（××××）……号执行裁定，依照《中华人民共和国民事诉讼法》第二百五十三条规定，请协助办理下列事项：

　　将被执行人×××（证件种类、号码：……）持有×××……（股权数额），股东变更登记为×××（证件种类、号码：……）。

附：（××××）……号裁定书

××××年××月××日
（院印）

经 办 人：×××

联系电话：……

31－2. 公示股东变更登记信息需求书（公示内容）

××××人民法院
协助公示执行信息需求书

执行法院：××××人民法院

执行文书文号：（××××）……号执行裁定书

（××××）……号协助执行通知书

执行事项：强制转让被执行人股权，办理股东变更登记

被执行人：×××

被执行人证件种类：×××

被执行人证件号码：……

被执行人持有股权数额：……

受让人：×××

受让人证件类型：×××

受让人证件号码：……

协助执行日期：××××年××月××日

31－3. 协助变更股东登记通知书（回执）

××××人民法院
协助执行通知书
（回执）

××××人民法院：

　　你院（××××）……号执行裁定书、（××××）……号协助执行通知书收悉，我局处理结果如下：

　　已于××××年××月××日在市场监督管理业务系统办理股东变更登记，并于××××年××月××日在企业信用信息公示系统公示。

××××年××月××日

（公章）

　　经办人：×××
　　联系电话：……

【说明】

本样式根据《最高人民法院、国家工商总局关于加强信息合作规范执行与协助执行的通知》制定，供人民法院通知市场监管部门协助变更股东登记时用。

【裁判依据】

《中华人民共和国民事诉讼法》（2023年修正）

第二百五十三条　被执行人未按执行通知履行法律文书确定的义务，人民法院有权向有关单位查询被执行人的存款、债券、股票、基金份额等财产情况。人民法院有权根据不同情形扣押、冻结、划拨、变价被执行人的财产。人民法院查询、扣押、冻结、划拨、变价的财产不得超出被执行人应当履行义务的范围。

人民法院决定扣押、冻结、划拨、变价财产，应当作出裁定，并发出协助执行通知书，有关单位必须办理。

32. 通知书（责令金融机构追回被转移的冻结款项用）

××××人民法院
责令追回被转移款项通知书

（××××）……执……号

××××（写明金融机构名称）：

　　本院在执行×××与×××……（写明案由）一案中，已于××××年××月××日向你单位发出（××××）……号执行裁定书和（××××）……号协助冻结存款通知书。经查，你单位于××××年××月××日擅自解冻被本院冻结的款项，致冻结款项被转移。依照《最高人民法院关于人民法院执行工作若干问题的规定（试行）》第26条规定，责令你单位自本通知书送达之日起××日内追回已被转移的款项……元。

　　逾期未能追回，本院将裁定你单位在转移的款项范围内以自己的财产向申请执行人承担责任。

　　特此通知。

××××年××月××日
（院印）

联系人：×××　　　联系电话：……
本院地址：……　　　邮　　编：……

【说明】

本样式根据《最高人民法院关于人民法院执行工作若干问题的规定（试行）》第 26 条规定制定，供人民法院责令金融机构限期追回已被转移款项时用。

【裁判依据】

《最高人民法院关于人民法院执行工作若干问题的规定（试行）》（2020 年修正）

第 26 条 金融机构擅自解冻被人民法院冻结的款项，致冻结款项被转移的，人民法院有权责令其限期追回已转移的款项。在限期内未能追回的，应当裁定该金融机构在转移的款项范围内以自己的财产向申请执行人承担责任。

33. 通知书（责令协助执行单位追回擅自支付款项用）

××××人民法院
责令协助单位追款通知书

（××××）……执……号

××××：

　　本院在执行×××与×××……（写明案由）一案中，于××××年××月××日向你单位发出（××××）……号协助执行通知书，要求你单位协助将被执行人×××收入……元交存本院，你单位却擅自向被执行人/他人支付……元。依照《最高人民法院关于人民法院执行工作若干问题的规定（试行）》第30条规定，责令你单位自本通知书送达之日起××日内追回擅自支付的款项……元，并按（××××）……号协助执行通知书的要求将该款交存本院。

　　逾期拒不追回，本院将裁定你单位在擅自支付的数额内向申请执行人承担责任，并视情节轻重追究你单位及相关负责人妨害执行的法律责任。

　　特此通知。

××××年××月××日
（院印）

联系　人：×××　　　联系电话：……
本院地址：……　　　　邮　　编：……

【说明】

本样式根据《最高人民法院关于人民法院执行工作若干问题的规定（试行）》第 30 条规定制定，供人民法院责令有关单位限期追回擅自支付的款项时用。

【裁判依据】

《最高人民法院关于人民法院执行工作若干问题的规定（试行）》（2020 年修正）

第 30 条　有关单位收到人民法院协助执行被执行人收入的通知后，擅自向被执行人或其他人支付的，人民法院有权责令其限期追回；逾期未追回的，应当裁定其在支付的数额内向申请执行人承担责任。

34. 通知书（责令责任人追回财产用）

××××人民法院
责令责任人追回财产通知书

（××××）……执……号

××××：

本院在执行×××与×××……（写明案由）一案中，于××××年××月××日查封/扣押/冻结了被执行人×××的……（写明财产名称、数量或数额、所在地等）。经查，××××年××月××日，你/你单位未经本院同意，擅自处分上述财产。依照《中华人民共和国民事诉讼法》第一百一十四条第一款第三项、《最高人民法院关于人民法院执行工作若干问题的规定（试行）》第32条规定，责令你/你单位自本通知书送达之日起××日内追回上述财产。

逾期不能追回的，本院将裁定你/你单位承担相应的赔偿责任，并视情节轻重，对有关负责人或者直接责任人员予以罚款、拘留；构成犯罪的，追究刑事责任。

特此通知。

××××年××月××日
（院印）

联系人：×××　　　　　联系电话：……
本院地址：……　　　　　邮　　编：……

【说明】

本样式根据《中华人民共和国民事诉讼法》第一百一十四条第一款第三项、《最高人民法院关于人民法院执行工作若干问题的规定（试行）》第32条规定制定，供人民法院责令责任人限期追回财产或承担相应的赔偿责任时用。

【裁判依据】

《中华人民共和国民事诉讼法》（2023年修正）

第一百一十四条第一款 诉讼参与人或者其他人有下列行为之一的，人民法院可以根据情节轻重予以罚款、拘留；构成犯罪的，依法追究刑事责任：

（一）伪造、毁灭重要证据，妨碍人民法院审理案件的；

（二）以暴力、威胁、贿买方法阻止证人作证或者指使、贿买、胁迫他人作伪证的；

（三）隐藏、转移、变卖、毁损已被查封、扣押的财产，或者已被清点并责令其保管的财产，转移已被冻结的财产的；

（四）对司法工作人员、诉讼参加人、证人、翻译人员、鉴定人、勘验人、协助执行的人，进行侮辱、诽谤、诬陷、殴打或者打击报复的；

（五）以暴力、威胁或者其他方法阻碍司法工作人员执行职务的；

（六）拒不履行人民法院已经发生法律效力的判决、裁定的。

《最高人民法院关于人民法院执行工作若干问题的规定（试行）》（2020年修正）

第32条 被执行人或其他人擅自处分已被查封、扣押、冻结财产的，人民法院有权责令责任人限期追回财产或承担相应的赔偿责任。

35. 通知书（由法院强制保管产权证照用）

××××人民法院
强制保管产权证照通知书

（××××）……执……号

×××：

　　本院在执行×××与×××……（写明案由）一案中，经查，……（写明被执行人持有产权证照的事实及责令强制保管的理由）。依照《最高人民法院关于人民法院民事执行中查封、扣押、冻结财产的规定》第七条第一款规定，责令你/你单位自本通知书送达时将……的产权证照交由本院保管。拒不履行的，本院将采取强制执行措施。

　　特此通知。

××××年××月××日
（院印）

联系 人：×××　　　　联系电话：……
本院地址：……　　　　　　邮   编：……

【说明】

本样式根据《最高人民法院关于人民法院民事执行中查封、扣押、冻结财产的规定》第七条第一款规定制定，供人民法院责令被执行人将有关产权证照交人民法院保管时用。

【裁判依据】

《最高人民法院关于人民法院民事执行中查封、扣押、冻结财产的规定》（2020年修正）

第七条第一款 查封不动产的，人民法院应当张贴封条或者公告，并可以提取保存有关财产权证照。

36. 证照（财物）保管清单

×××××人民法院

证照（财物）保管清单

（××××）……执……号

持有人姓名			案由	
编号	证照/财物名称	证件号码	数量或数额	备 注
1				
2				
3				
4				
5				
6				
7				
8				

持有人（签名或捺印）
在场人（签名或捺印）
××××年××月××日

执行人员（签名）
××××年××月××日

注：本清单一式两份，一份交被执行人，一份随强制保管证照通知书存卷。

【说明】

本样式根据《最高人民法院关于人民法院民事执行中查封、扣押、冻结财产的规定》第七条第一款规定制定，供人民法院责令被执行人将有关产权证照交人民法院保管时用。

【裁判依据】

《最高人民法院关于人民法院民事执行中查封、扣押、冻结财产的规定》（2020年修正）

第七条第一款 查封不动产的，人民法院应当张贴封条或者公告，并可以提取保存有关财产权证照。

37. 证照（财物）发还清单

××××人民法院
证照（财物）发还清单

（××××）……执……号

被执行人			案由	
编号	证照/财物	名称	数量或数额	备 注
1				
2				
3				
4				
5				
6				
7				
8				

领取单位（盖章）　　领取人（签名）
××××年××月××日

执行人员（签名）
××××年××月××日

注：本清单一式两份，一份存入卷宗，一份交被执行人。

【说明】

本样式根据《最高人民法院关于人民法院民事执行中查封、扣押、冻结财产的规定》第七条第一款规定制定，供人民法院责令被执行人将有关产权证照交人民法院保管时用。

【裁判依据】

《最高人民法院关于人民法院民事执行中查封、扣押、冻结财产的规定》（2020年修正）

第七条第一款 查封不动产的，人民法院应当张贴封条或者公告，并可以提取保存有关财产权证照。

38. 保管财产委托书

××××人民法院
保管财产委托书

（××××）……执……号

×××：

　　本院在执行×××与×××……（写明案由）一案中，于××××年××月××日查封/扣押被执行人×××……（写明财产名称、数量或数额、所在地等），因……（写明委托保管的理由）。依照《最高人民法院关于人民法院民事执行中查封、扣押、冻结财产的规定》第十条（指定担保物权人为保管人的，引用第十一条）规定，特委托你/你单位代为保管。

　　上述财产不得擅自使用和处分。该财产如被隐藏、转移、变卖、毁损，本院将依法追究相关人员的责任；构成犯罪的，追究刑事责任。

　　附：（××××）……号裁定书

××××年××月××日
（院印）

【说明】

本样式根据《最高人民法院关于人民法院民事执行中查封、扣押、冻结财产的规定》第十条、第十一条规定制定，供人民法院委托其他单位或个人保管扣押财产时用。

【裁判依据】

《最高人民法院关于人民法院民事执行中查封、扣押、冻结财产的规定》（2020年修正）

第十条　查封、扣押的财产不宜由人民法院保管的，人民法院可以指定被执行人负责保管；不宜由被执行人保管的，可以委托第三人或者申请执行人保管。

由人民法院指定被执行人保管的财产，如果继续使用对该财产的价值无重大影响，可以允许被执行人继续使用；由人民法院保管或者委托第三人、申请执行人保管的，保管人不得使用。

第十一条　查封、扣押、冻结担保物权人占有的担保财产，一般应当指定该担保物权人作为保管人；该财产由人民法院保管的，质权、留置权不因转移占有而消灭。

39. 执行裁定书（查封、扣押、冻结财产用）

×××× 人民法院
执行裁定书

（××××）……执……号

申请执行人：×××，……。

法定代理人/指定代理人/法定代表人/主要负责人：×××，……。

委托诉讼代理人：×××，……。

被执行人：×××，……。

……

（以上写明申请执行人、被执行人和其他诉讼参加人的姓名或者名称等基本信息）

本院在执行×××与×××……（写明案由）一案中，经查，……。依照《中华人民共和国民事诉讼法》第二百五十三条、《最高人民法院关于适用〈中华人民共和国民事诉讼法〉的解释》第四百八十五条规定，裁定如下：

查封/冻结/扣押被执行人×××的……（写明财产名称、数量或数额、所在地等），期限为×年。

本裁定立即执行。

审 判 员 ×××

××××年××月××日
（院印）
法官助理 ×××
书 记 员 ×××

【说明】

本样式根据《中华人民共和国民事诉讼法》第二百五十三条、《最高人民法院关于适用〈中华人民共和国民事诉讼法〉的解释》第四百八十五条规定制定，供人民法院查封、扣押、冻结财产时用。

【裁判依据】

《中华人民共和国民事诉讼法》（2021年修正）

第二百五十三条 被执行人未按照执行通知履行法律文书确定的义务，人民法院有权向有关单位查询被执行人的存款、债券、股票、基金份额等财产情况。人民法院有权根据不同情形扣押、冻结、划拨、变价被执行人的财产。人民法院查询、扣押、冻结、划拨、变价的财产不得超出被执行人应当履行义务的范围。

人民法院决定扣押、冻结、划拨、变价财产，应当作出裁定，并发出协助执行通知书，有关单位必须办理。

《最高人民法院关于适用〈中华人民共和国民事诉讼法〉的解释》（2022年修正）

第四百八十五条 人民法院冻结被执行人的银行存款的期限不得超过一年，查封、扣押动产的期限不得超过两年，查封不动产、冻结其他财产权的期限不得超过三年。

申请执行人申请延长期限的，人民法院应当在查封、扣押、冻结期限届满前办理续行查封、扣押、冻结手续，续行期限不得超过前款规定的期限。

人民法院也可以依职办理续行查封、扣押、冻结手续。

40. 执行裁定书（划拨存款用）

××××人民法院
执行裁定书

（××××）……执……号

申请执行人：×××，……。

法定代理人/指定代理人/法定代表人/主要负责人：×××，……。

委托诉讼代理人：×××，……。

被执行人：×××，……。

……

（以上写明申请执行人、被执行人和其他诉讼参加人的姓名或者名称等基本信息）

本院在执行×××与×××……（写明案由）一案中，于××××年××月××日向×××发出执行通知书，责令……（写明应当履行的义务），但被执行人×××未履行/未全部履行生效法律文书确定的义务。依照《中华人民共和国民事诉讼法》第二百五十三条规定，裁定如下：

划拨被执行人×××存款……元。

本裁定立即执行。

审　判　员　×××

××××年××月××日
（院印）
法官助理　×××
书　记　员　×××

【说明】

本样式根据《中华人民共和国民事诉讼法》第二百五十三条规定制定，供人民法院划拨存款时用。

【裁判依据】

《中华人民共和国民事诉讼法》（2023年修正）

第二百五十三条 被执行人未按照执行通知履行法律文书确定的义务，人民法院有权向有关单位查询被执行人的存款、债券、股票、基金份额等财产情况。人民法院有权根据不同情形扣押、冻结、划拨、变价被执行人的财产。人民法院查询、扣押、冻结、划拨、变价的财产不得超出被执行人应当履行义务的范围。

人民法院决定扣押、冻结、划拨、变价财产，应当作出裁定，并发出协助执行通知书，有关单位必须办理。

41. 执行裁定书（扣留、提取被执行人收入用）

××××人民法院
执行裁定书

（××××）……执……号

申请执行人：×××，……。

法定代理人/指定代理人/法定代表人/主要负责人：×××，……。

委托诉讼代理人：×××，……。

被执行人：×××，……。

……

（以上写明申请执行人、被执行人和其他诉讼参加人的姓名或者名称等基本信息）

本院在执行×××与×××……（写明案由）一案中，于××××年××月××日向被执行人×××发出执行通知书，责令……（写明应当履行的义务），但被执行人×××未履行/未全部履行生效法律文书确定的义务。

本院查明，被执行人×××在××××处有收入……元。依照《中华人民共和国民事诉讼法》第二百五十四条、《最高人民法院关于人民法院执行工作若干问题的规定（试行）》第29条规定，裁定如下：

扣留/提取被执行人×××在××××处收入……元。

本裁定立即执行。

审　判　员　×××

××××年××月××日
（院印）
法官助理　×××
书　记　员　×××

【说明】

本样式根据《中华人民共和国民事诉讼法》第二百五十四条、《最高人民法院关于人民法院执行工作若干问题的规定（试行）》第 29 条规定制定，供人民法院扣留或提取被执行人收入时用。

【裁判依据】

《中华人民共和国民事诉讼法》（2023 年修正）

第二百五十四条 被执行人未按照执行通知履行法律文书确定的义务，人民法院有权扣留、提取被执行人应当履行部分的收入。但应当保留被执行人及其所扶养家属的生活必需费用。

人民法院扣留、提取收入时，应当作出裁定，并发出协助执行通知，被执行人所在单位、银行、信用合作社和其他有储蓄业务的单位必须办理。

《最高人民法院关于人民法院执行工作若干问题的规定（试行）》（2020 年修正）

第 29 条 被执行人在有关单位的收入尚未支取的，人民法院应当作出裁定，向该单位发出协助执行通知书，由其协助扣留或提取。

42. 执行裁定书（责令有关单位向申请执行人支付已到期收益用）

××××人民法院
执行裁定书

（××××）……执……号

申请执行人：×××，……。

法定代理人/指定代理人/法定代表人/主要负责人：×××，……。

委托诉讼代理人：×××，……。

被执行人：×××，……。

……

（以上写明申请执行人、被执行人和其他诉讼参加人的姓名或者名称等基本信息）

本院在执行×××与×××……（写明案由）一案中，于××××年××月××日向被执行人×××发出执行通知书，责令……（写明应当履行的义务），但被执行人×××未履行/未全部履行生效法律文书确定的义务。

本院查明，被执行人×××在××××处有已到期的股息/红利等收益……元。依照《中华人民共和国民事诉讼法》第二百五十三条、《最高人民法院关于人民法院执行工作若干问题的规定（试行）》第36条第1款规定，裁定如下：

××××（写明有关单位名称）应于收到本裁定书后××日内直接向申请执行人×××支付……元。

本裁定立即执行。

审　判　员　×××

××××年××月××日
（院印）
法官助理　×××
书　记　员　×××

【说明】

本样式根据《中华人民共和国民事诉讼法》第二百五十三条、《最高人民法院关于人民法院执行工作若干问题的规定（试行）》第36条第1款规定制定，供人民法院对已到期股息、红利等收益采取强制执行措施时用。

【裁判依据】

《中华人民共和国民事诉讼法》（2023年修正）

第二百五十三条 被执行人未按照执行通知履行法律文书确定的义务，人民法院有权向有关单位查询被执行人的存款、债券、股票、基金份额等财产情况。人民法院有权根据不同情形扣押、冻结、划拨、变价被执行人的财产。人民法院查询、扣押、冻结、划拨、变价的财产不得超出被执行人应当履行义务的范围。

人民法院决定扣押、冻结、划拨、变价财产，应当作出裁定，并发出协助执行通知书，有关单位必须办理。

《最高人民法院关于人民法院执行工作若干问题的规定（试行）》（2020年修正）

第36条第1款 对被执行人从有关企业中应得的已到期的股息或红利等收益，人民法院有权裁定禁止被执行人提取和有关企业向被执行人支付，并要求有关企业直接向申请执行人支付。

43. 执行裁定书（禁止被执行人转让知识产权用）

××××人民法院
执行裁定书

（××××）……执……号

申请执行人：×××，……。

法定代理人/指定代理人/法定代表人/主要负责人：×××，……。

委托诉讼代理人：×××，……。

被执行人：×××，……。

……

（以上写明申请执行人、被执行人和其他诉讼参加人的姓名或者名称等基本信息）

本院在执行×××与×××……（写明案由）一案中，于××××年××月××日向被执行人发出执行通知书，责令……（写明应当履行的义务），但被执行人×××未履行/未全部履行生效法律文书确定的义务。

本院查明，……（写明被执行人享有专利权、注册商标专用权、著作权等知识产权的事实）。依照《最高人民法院关于人民法院执行工作若干问题的规定（试行）》第35条规定，裁定如下：

禁止被执行人×××转让其享有的……（写明知识产权名称、证号）。

本裁定立即执行。

审　判　员　×××

××××年××月××日
（院印）
法　官　助　理　×××
书　记　员　×××

【说明】

本样式根据《最高人民法院关于人民法院执行工作若干问题的规定（试行）》第35条规定制定，供人民法院对被执行人知识产权采取执行措施时用。

【裁判依据】

《最高人民法院关于人民法院执行工作若干问题的规定（试行）》（2020年修正）

第35条　被执行人不履行生效法律文书确定的义务，人民法院有权裁定禁止被执行人转让其专利权、注册商标专用权、著作权（财产权部分）等知识产权。上述权利有登记主管部门的，应当同时向有关部门发出协助执行通知书，要求其不得办理财产转移手续，必要时可以责令被执行人将产权或使用权证照交人民法院保存。

对前款财产权，可以采取拍卖、变卖等执行措施。

44. 执行裁定书（轮候查封、扣押、冻结财产用）

××××人民法院
执行裁定书

（××××）……执……号

申请执行人：×××，……。

法定代理人/指定代理人/法定代表人/主要负责人：×××，……。

委托诉讼代理人：×××，……。

被执行人：×××，……。

……

（以上写明申请执行人、被执行人和其他诉讼参加人的姓名或者名称等基本信息）

本院在执行×××与×××……（写明案由）一案中，经查，……。依照《中华人民共和国民事诉讼法》第二百五十三条/第二百五十四条/第二百五十五条，《最高人民法院关于人民法院民事执行中查封、扣押、冻结财产的规定》第一条、第十条、第二十六条第一款，《最高人民法院关于适用〈中华人民共和国民事诉讼法〉的解释》第四百八十五条规定，裁定如下：

一、查封/扣押/冻结被执行人×××所有的……（写明财产名称、数量或数额、所在地等），查封/扣押/冻结期限为×年。

二、（被执行人可以使用被查封财产的，写明：）被执行人×××负责保管被查封的财产。在查封期间内，被执行人×××可以使用被查封财产；但因被执行人×××的过错造成被查封财产损失的，应由自己承担责任。

（被执行人/保管人不得使用被查封/扣押财产的，写明：）被执行人/保管人×××负责保管被查封/扣押的财产。在查封/扣押期间不得使用被查封/扣押的财产。

（冻结财产不需要保管的，不列本项。）

需要续行查封/扣押/冻结的，应当在查封/扣押/冻结期限届满前××日内提出续行查封/扣押/冻结的书面申请。

本裁定立即执行。

审　判　员　×××

××××年××月××日
（院印）
法 官 助 理　×××
书　记　员　×××

【说明】

本样式根据《中华人民共和国民事诉讼法》第二百五十三条、第二百五十四条、第二百五十五条，《最高人民法院关于人民法院民事执行中查封、扣押、冻结财产的规定》第一条、第十条、第二十六条第一款、《最高人民法院关于适用〈中华人民共和国民事诉讼法〉的解释》第四百八十五条规定制定，供人民法院采取轮候查封、扣押、冻结措施时用。

【裁判依据】

《中华人民共和国民事诉讼法》（2023年修正）

第二百五十三条 被执行人未按照执行通知履行法律文书确定的义务，人民法院有权向有关单位查询被执行人的存款、债券、股票、基金份额等财产情况。人民法院有权根据不同情形扣押、冻结、划拨、变价被执行人的财产。人民法院查询、扣押、冻结、划拨、变价的财产不得超出被执行人应当履行义务的范围。

人民法院决定扣押、冻结、划拨、变价财产，应当作出裁定，并发出协助执行通知书，有关单位必须办理。

第二百五十四条 被执行人未按照执行通知履行法律文书确定的义务，人民法院有权扣留、提取被执行人应当履行部分的收入。但应当保留被执行人及其所扶养家属的生活必需费用。

人民法院扣留、提取收入时，应当作出裁定，并发出协助执行通知，被执行人所在单位、银行、信用合作社和其他有储蓄业务的单位必须办理。

第二百五十五条 被执行人未按执行通知履行法律文书确定的义务，人民法院有权查封、扣押、冻结、拍卖、变卖被执行人应当履行义务部分的财产。但应当保留被执行人及其所扶养家属的生活必需品。

采取措施前，人民法院应当作出裁定。

《最高人民法院关于人民法院民事执行中查封、扣押、冻结财产的规定》（2020年修正）

第一条 人民法院查封、扣押、冻结被执行人的动产、不动产及其他财产权，应当作出裁定，并送达被执行人和申请执行人。

采取查封、扣押、冻结措施需要有关单位或者个人协助的，人民法院应当制作协助执行通知书，连同裁定书副本一并送达协助执行人。查封、扣押、冻结裁定书和协助执行通知书送达时发生法律效力。

第十条 查封、扣押的财产不宜由人民法院保管的，人民法院可以指定被执行人负责保管；不宜由被执行人保管的，可以委托第三人或者申请执行人保管。

由人民法院指定被执行人保管的财产，如果继续使用对该财产的价值无重大影响，可以允许被执行人继续使用；由人民法院保管或者委托第三人、申请执行人保管的，保管人不得使用。

第二十六条第一款 对已被人民法院查封、扣押、冻结的财产，其他人民法院可以进行轮候查封、扣押、冻结。查封、扣押、冻结解除的，登记在先的轮候查封、扣押、冻结即自动生效。

《最高人民法院关于适用〈中华人民共和国民事诉讼法〉的解释》（2022年修正）

第四百八十五条 人民法院冻结被执行人的银行存款的期限不得超过一年，查封、扣押动产的期限不得超过两年，查封不动产、冻结其他财产权的期限不得超过三年。

申请执行人申请延长期限的，人民法院应当在查封、扣押、冻结期限届满前办理续行查封、扣押、冻结手续，续行期限不得超过前款规定的期限。

人民法院也可以依职权办理续行查封、扣押、冻结手续。

45. 执行裁定书（预查封用）

××××人民法院
执行裁定书

（××××）……执……号

申请执行人：×××，……。

法定代理人/指定代理人/法定代表人/主要负责人：×××，……。

委托诉讼代理人：×××，……。

被执行人：×××，……。

……

（以上写明申请执行人、被执行人和其他诉讼参加人的姓名或者名称等基本信息）

本院在执行×××与×××……（写明案由）一案中，于××××年××月××日向被执行人×××发出执行通知书，责令……（写明应当履行的义务），但被执行人×××未履行/未全部履行生效法律文书确定的义务。

本院查明，……（写明需查封不动产的名称、数量或数额、所在地，履行产权登记手续的进展情况以及在先强制措施的登记顺序情况等）。依照《中华人民共和国民事诉讼法》第二百五十五条、《最高人民法院关于人民法院民事执行中查封、扣押、冻结财产的规定》第一条、《最高人民法院关于适用〈中华人民共和国民事诉讼法〉的解释》第四百八十五条规定，裁定如下：

预查封被执行人×××所有的……（写明财产名称、数量或数额、所在地等），查封期限自本裁定生效之日起×年。

预查封的效力等同于正式查封。

查封期限届满时需要续行查封的,应当在查封期限届满前××日内提出书面申请。

本裁定立即执行。

审　判　员　×××

××××年××月××日

（院印）

法　官　助　理　×××

书　记　员　×××

【说明】

本样式根据《中华人民共和国民事诉讼法》第二百五十五条、《最高人民法院关于人民法院民事执行中查封、扣押、冻结财产的规定》第一条、《最高人民法院关于适用〈中华人民共和国民事诉讼法〉的解释》第四百八十五条规定制定，供人民法院对土地使用权、房屋进行预查封时用。

【裁判依据】

《中华人民共和国民事诉讼法》（2023年修正）

第二百五十五条 被执行人未按执行通知履行法律文书确定的义务，人民法院有权查封、扣押、冻结、拍卖、变卖被执行人应当履行义务部分的财产。但应当保留被执行人及其所扶养家属的生活必需品。

采取前款措施，人民法院应当作出裁定。

《最高人民法院关于人民法院民事执行中查封、扣押、冻结财产的规定》（2020年修正）

第一条 人民法院查封、扣押、冻结被执行人的动产、不动产及其他财产权，应当作出裁定，并送达被执行人和申请执行人。

采取查封、扣押、冻结措施需要有关单位或者个人协助的，人民法院应当制作协助执行通知书，连同裁定书副本一并送达协助执行人。查封、扣押、冻结裁定书和协助执行通知书送达时发生法律效力。

《最高人民法院关于适用〈中华人民共和国民事诉讼法〉的解释》（2022年修正）

第四百八十五条 人民法院冻结被执行人的银行存款的期限不得超过一年，查封、扣押动产的期限不得超过两年，查封不动产、冻结其他财产权的期限不得超过三年。

申请执行人申请延长期限的，人民法院应当在查封、扣押、冻结期限届满前办理续行查封、扣押、冻结手续，续行期限不得超过前款规定的期限。

人民法院也可以依职权办理续行查封、扣押、冻结手续。

46. 执行裁定书（冻结被执行人投资权益或股权用）

××××人民法院
执行裁定书

（××××）……执……号

申请执行人：×××，……。

法定代理人/指定代理人/法定代表人/主要负责人：×××，……。

委托诉讼代理人：×××，……。

被执行人：×××，……。

……

（以上写明申请执行人、被执行人和其他诉讼参加人的姓名或者名称等基本信息）

本院在执行×××与×××……（写明案由）一案中，于××××年××月××日向被执行人×××发出执行通知书，责令……（写明应当履行的义务）。

本院查明，被执行人×××在××××（写明有限责任公司或其他法人企业名称）处有……（写明投资权益或股权名称及数额）。依照《中华人民共和国民事诉讼法》第二百五十五条、《最高人民法院关于人民法院执行工作若干问题的规定（试行）》第38条、《最高人民法院关于适用〈中华人民共和国民事诉讼法〉的解释》第四百八十五条规定，裁定如下：

冻结被执行人×××在××××（写明有限责任公司或其他法人企业的名称）处享有的……（写明投资权益或股权的名称及数额），冻结期限为×年。

申请延长冻结期限的，应当在冻结期限届满前××日内提出续行冻结的申请。

本裁定立即执行。

审　判　员　×××

××××年××月××日
(院印)

法　官　助　理　×××

书　记　员　×××

【说明】

本样式根据《中华人民共和国民事诉讼法》第二百五十五条、《最高人民法院关于人民法院执行工作若干问题的规定（试行）》第38条、《最高人民法院关于适用〈中华人民共和国民事诉讼法〉的解释》第四百八十五条规定制定，供人民法院对被执行人在有限责任公司或其他法人企业中的投资权益或股权采取冻结措施时用。

【裁判依据】

《中华人民共和国民事诉讼法》（2023年修正）

第二百五十五条 被执行人未按执行通知履行法律文书确定的义务，人民法院有权查封、扣押、冻结、拍卖、变卖被执行人应当履行义务部分的财产。但应当保留被执行人及其所扶养家属的生活必需品。

采取前款措施，人民法院应当作出裁定。

《最高人民法院关于人民法院执行工作若干问题的规定（试行）》（2020年修正）

第38条 对被执行人在有限责任公司、其他法人企业中的投资权益或股权，人民法院可以采取冻结措施。

冻结投资权益或股权的，应当通知有关企业不得办理被冻结投资权益或股权的转移手续，不得向被执行人支付股息或红利。被冻结的投资权益或股权，被执行人不得自行转让。

《最高人民法院关于适用〈中华人民共和国民事诉讼法〉的解释》（2022年修正）

第四百八十五条 人民法院冻结被执行人的银行存款的期限不得超过一年，查封、扣押动产的期限不得超过两年，查封不动产、冻结其他财产权的期限不得超过三年。

申请执行人申请延长期限的，人民法院应当在查封、扣押、冻结期限届满前办理续行查封、扣押、冻结手续，续行期限不得超过前款规定的期限。

人民法院也可以依职权办理续行查封、扣押、冻结手续。

47. 执行裁定书（冻结被执行人预期收益用）

××××人民法院
执行裁定书

（××××）……执……号

申请执行人：×××，……。

法定代理人/指定代理人/法定代表人/主要负责人：×××，……。

委托诉讼代理人：×××，……。

被执行人：×××，……。

……

（以上写明申请执行人、被执行人和其他诉讼参加人的姓名或者名称等基本信息）

本院在执行×××与×××……（写明案由）一案中，于××××年××月××日向被执行人×××发出执行通知书，责令……（写明应当履行的义务），但被执行人×××未履行/未全部履行生效法律文书确定的义务。

本院查明，被执行人×××在××××处有预期应得的股息/红利等收益，依照《中华人民共和国民事诉讼法》第二百五十五条、《最高人民法院关于人民法院执行工作若干问题的规定（试行）》第36条第2款、《最高人民法院关于适用〈中华人民共和国民事诉讼法〉的解释》第四百八十五条规定，裁定如下：

冻结被执行人×××在××××处的股息/红利等预期收益，冻结期限为×年。

申请延长冻结期限的，应当在冻结期限届满前××日内提出续行冻结的申请。

本裁定立即执行。

审 判 员 ×××

××××年××月××日
（院印）
法 官 助 理 ×××
书 记 员 ×××

【说明】

本样式根据《中华人民共和国民事诉讼法》第二百五十五条、《最高人民法院关于人民法院执行工作若干问题的规定（试行）》第 36 条第 2 款、《最高人民法院关于适用〈中华人民共和国民事诉讼法〉的解释》第四百八十五条规定制定，供人民法院对被执行人的预期收益采取强制执行措施时用。

【裁判依据】

《中华人民共和国民事诉讼法》（2023 年修正）

第二百五十五条 被执行人未按执行通知履行法律文书确定的义务，人民法院有权查封、扣押、冻结、拍卖、变卖被执行人应当履行义务部分的财产。但应当保留被执行人及其所扶养家属的生活必需品。

采取前款措施，人民法院应当作出裁定。

《最高人民法院关于人民法院执行工作若干问题的规定（试行）》（2020 年修正）

第 36 条第 2 款 对被执行人预期从有关企业中应得的股息或红利等受益，人民法院可以采取冻结措施，禁止到期后被执行人提取和有关企业向被执行人支付。到期后人民法院可从有关企业中提取，并出具提取证据。

《最高人民法院关于适用〈中华人民共和国民事诉讼法〉的解释》（2022 年修正）

第四百八十五条 人民法院冻结被执行人的银行存款的期限不得超过一年，查封、扣押动产的期限不得超过两年，查封不动产、冻结其他财产权的期限不得超过三年。

申请执行人申请延长期限的，人民法院应当在查封、扣押、冻结期限届满前办理续行查封、扣押、冻结手续，续行期限不得超过前款规定的期限。

人民法院也可以依职权办理续行查封、扣押、冻结手续。

48. 执行裁定书（解除查封、扣押、冻结等强制执行措施用）

××××人民法院
执行裁定书

（××××）……执……号

申请执行人：×××，……。

法定代理人/指定代理人/法定代表人/主要负责人：×××，……。

委托诉讼代理人：×××，……。

被执行人：×××，……。

……

（以上写明申请执行人、被执行人和其他诉讼参加人的姓名或者名称等基本信息）

本院在执行×××与×××……（写明案由）一案中，查封/扣押/冻结了……（写明财产名称、数量或数额、所在地等），现因……（写明解除强制执行措施的事实和理由）。依照《最高人民法院关于人民法院民事执行中查封、扣押、冻结财产的规定》第二十八条规定，裁定如下：

解除对……（写明财产名称、数量或数额、所在地等）的查封/扣押/冻结。

本裁定立即执行。

审　判　长　×××
审　判　员　×××

审　判　员　×××

××××年××月××日
（院印）
法 官 助 理　×××
书　记　员　×××

【说明】

本样式根据《最高人民法院关于人民法院民事执行中查封、扣押、冻结财产的规定》第二十八条规定制定，供人民法院解除查封、扣押、冻结等强制执行措施时用。

【裁判依据】

《最高人民法院关于人民法院民事执行中查封、扣押、冻结财产的规定》（2020年修正）

第二十八条 有下列情形之一的，人民法院应当作出解除查封、扣押、冻结裁定，并送达申请执行人、被执行人或者案外人：

（一）查封、扣押、冻结案外人财产的；

（二）申请执行人撤回执行申请或者放弃债权的；

（三）查封、扣押、冻结的财产流拍或者变卖不成，申请执行人和其他执行债权人又不同意接受抵债，且对该财产又无法采取其他执行措施的；

（四）债务已经清偿的；

（五）被执行人提供担保且申请执行人同意解除查封、扣押、冻结的；

（六）人民法院认为应当解除查封、扣押、冻结的其他情形。

解除以登记方式实施的查封、扣押、冻结的，应当向登记机关发出协助执行通知书。

49. 执行裁定书（拍卖用）

××××人民法院
执行裁定书

（××××）……执……号

申请执行人：×××,……。

法定代理人/指定代理人/法定代表人/主要负责人：×××,……。

委托诉讼代理人：×××,……。

被执行人：×××,……。

……

（以上写明申请执行人、被执行人和其他诉讼参加人的姓名或者名称等基本信息）

本院在执行×××与×××……（写明案由）一案中，责令……（写明应当履行的义务），但被执行人×××未履行/未全部履行生效法律文书确定的义务。本院于××××年××月××日以（××××）……号执行裁定查封/扣押/冻结了被执行人的……（写明财产名称、数量或数额、所在地等）。依照《中华人民共和国民事诉讼法》第二百五十五条、第二百五十八条规定，裁定如下：

拍卖被执行人×××的……（写明财产名称、数量或数额、所在地等）。

本裁定送达后即发生法律效力。

审　判　长　×××
审　判　员　×××
审　判　员　×××

××××年××月××日

(院印)

法官助理　×××

书　记　员　×××

【说明】

本样式根据《中华人民共和国民事诉讼法》第二百五十五条、第二百五十八条规定制定，供人民法院拍卖被执行人财产时用。

【裁判依据】

《中华人民共和国民事诉讼法》（2023 年修正）

第二百五十五条 被执行人未按执行通知履行法律文书确定的义务，人民法院有权查封、扣押、冻结、拍卖、变卖被执行人应当履行义务部分的财产。但应当保留被执行人及其所扶养家属的生活必需品。

采取前款措施，人民法院应当作出裁定。

第二百五十八条 财产被查封、扣押后，执行员应当责令被执行人在指定期间履行法律文书确定的义务。被执行人逾期不履行的，人民法院应当拍卖被查封、扣押的财产；不适于拍卖或者当事人双方同意不进行拍卖的，人民法院可以委托有关单位变卖或者自行变卖。国家禁止自由买卖的物品，交有关单位按照国家规定的价格收购。

50. 执行裁定书（拍卖成交确认用）

××××人民法院
执行裁定书

（××××）……执……号

申请执行人：×××，……。

法定代理人/指定代理人/法定代表人/主要负责人：×××，……。

委托诉讼代理人：×××，……。

被执行人：×××，……。

……

（以上写明申请执行人、被执行人和其他诉讼参加人的姓名或者名称等基本信息）

本院在执行×××与×××……（写明案由）一案中，于××××年××月××日委托××××（写明拍卖机构名称）拍卖被执行人的……（写明财产名称、数量或数额、所在地等）。××××年××月××日，买受人×××以……元的最高价竞得。依照《中华人民共和国民事诉讼法》第二百五十八条、《最高人民法院关于人民法院民事执行中拍卖、变卖财产的规定》第二十条、第二十六条规定，裁定如下：

一、……（写明被拍卖财产名称、数量或数额、所在地等）的所有权（或其他权利）归买受人×××所有。（拍卖动产的，写明：）……所有权自交付时起转移给买受人×××。（拍卖不动产、有登记的特定动产或者其他财产权的，写明：）……所有权（或其他权利）自本裁定送达买受人×××时起转移。

二、买受人×××可持本裁定书到登记机构办理相关产权过户登记手

续。(本项仅适用于需办理过户手续的财产)

本裁定送达后即发生法律效力。

审　判　长　×××
审　判　员　×××
审　判　员　×××

××××年××月××日
(院印)
法　官　助　理　×××
书　记　员　×××

【说明】

本样式根据《中华人民共和国民事诉讼法》第二百五十八条，《最高人民法院关于人民法院民事执行中拍卖、变卖财产的规定》第二十条、第二十六条规定制定，供人民法院确认拍卖成交时用。

【裁判依据】

《中华人民共和国民事诉讼法》（2023年修正）

第二百五十八条 财产被查封、扣押后，执行员应当责令被执行人在指定期间履行法律文书确定的义务。被执行人逾期不履行的，人民法院应当拍卖被查封、扣押的财产；不适于拍卖或者当事人双方同意不进行拍卖的，人民法院可以委托有关单位变卖或者自行变卖。国家禁止自由买卖的物品，交有关单位按照国家规定的价格收购。

《最高人民法院关于人民法院民事执行中拍卖、变卖财产的规定》（2020年修正）

第二十条 拍卖成交或者以流拍的财产抵债的，人民法院应当作出裁定，并于价款或者需要补交的差价全额交付后十日内，送达买受人或者承受人。

第二十六条 不动产、动产或者其他财产权拍卖成交或者抵债后，该不动产、动产的所有权、其他财产权自拍卖成交或者抵债裁定送达买受人或者承受人时起转移。

51. 执行裁定书（变卖用）

××××人民法院
执行裁定书

（××××）……执……号

申请执行人：×××，……。

法定代理人/指定代理人/法定代表人/主要负责人：×××，……。

委托诉讼代理人：×××，……。

被执行人：×××，……。

……

（以上写明申请执行人、被执行人和其他诉讼参加人的姓名或者名称等基本信息）

本院在执行×××与×××……（写明案由）一案中，责令……（写明应当履行的义务），但被执行人×××未履行/未全部履行生效法律文书确定的义务。本院于××××年××月××日以（××××）……号执行裁定书查封/扣押/冻结了被执行人的……（写明财产名称、数量或数额、所在地等）。因……（写明变卖的理由）。依照《中华人民共和国民事诉讼法》第二百五十五条、第二百五十八条、《最高人民法院关于适用〈中华人民共和国民事诉讼法〉的解释》第四百八十八条第一款规定，裁定如下：

变卖被执行人×××的……（写明财产名称、数量或数额、所在地等）。

本裁定送达后即发生法律效力。

审　判　长　×××
审　判　员　×××

审 判 员 ×××

××××年××月××日
(院印)
法 官 助 理 ×××
书 记 员 ×××

【说明】

1. 本样式根据《中华人民共和国民事诉讼法》第二百五十五条、第二百五十八条、《最高人民法院关于适用〈中华人民共和国民事诉讼法〉的解释》第四百八十八条第一款规定制定，供人民法院变卖被执行人财产时用。

2. 变卖被执行人知识产权的，增加引用《最高人民法院关于人民法院执行工作若干问题的规定（试行）》第35条。

3. 对被执行人在其他股份有限公司中的股份凭证（股票）变卖的，增加引用《最高人民法院关于人民法院执行工作若干问题的规定（试行）》第37条。

4. 变卖被执行人在有限责任公司中被冻结的投资权益或股权，增加引用《最高人民法院关于人民法院执行工作若干问题的规定（试行）》第39条第2款。

【裁判依据】

《中华人民共和国民事诉讼法》（2023年修正）

第二百五十五条 被执行人未按执行通知履行法律文书确定的义务，人民法院有权查封、扣押、冻结、拍卖、变卖被执行人应当履行义务部分的财产。但应当保留被执行人及其所扶养家属的生活必需品。

采取前款措施，人民法院应当作出裁定。

第二百五十八条 财产被查封、扣押后，执行员应当责令被执行人在指定期间履行法律文书确定的义务。被执行人逾期不履行的，人民法院应当拍卖被查封、扣押的财产；不适于拍卖或者当事人双方同意不进行拍卖的，人民法院可以委托有关单位变卖或者自行变卖。国家禁止自由买卖的物品，交有关单位按照国家规定的价格收购。

《最高人民法院关于适用〈中华人民共和国民事诉讼法〉的解释》（2022年修正）

第四百八十八条第一款 人民法院在执行中需要变卖被执行人财产的，可以交有关单位变卖，也可以由人民法院直接变卖。

《最高人民法院关于人民法院执行工作若干问题的规定（试行）》（2020年修正）

第35条 被执行人不履行生效法律文书确定的义务，人民法院有权裁定禁止被执行人转让其专利权、注册商标专用权、著作权（财产权部分）等知识产权。上述权利有登记主管部门的，应当同时向有关部门发出协助执行通知书，要求其不得办理财产权转移手续，必要时可以责令被执行人将产权或使用权证照交人民法院保存。

对前款财产权，可以采取拍卖、变卖等执行措施。

第37条 对被执行人在其他股份有限公司中持有的股份凭证（股票），人民法院可以扣押，并强制被执行人按照公司法的有关规定转让，也可以直接采取拍卖、变卖的方式进行处分，或直接将股票抵偿给债权人，用于清偿被执行人的债务。

第39条第2款 对被执行人在有限责任公司中被冻结的投资权益或股权，人民法院可以依据《中华人民共和国公司法》第七十一条、第七十二条、第七十三条[①]的规定，征得全体股东过半数同意后，予以拍卖、变卖或以其他方式转让。不同意转让的股东，应当购买该转让的投资权益或股权，不购买的，视为同意转让，不影响执行。

---

① 2023年修订的公司法第八十四条、第八十五条、第八十七条。

52. 执行裁定书（以物抵债用）

××××人民法院
执行裁定书

（××××）……执……号

申请执行人：×××，……。

法定代理人/指定代理人/法定代表人/主要负责人：×××，……。

委托诉讼代理人：×××，……。

被执行人：×××，……。

……

（以上写明申请执行人、被执行人和其他诉讼参加人的姓名或者名称等基本信息）

本院在执行×××与×××……（写明案由）一案中，责令……（写明应当履行的义务）。……（写明以物抵债理由）。依照《最高人民法院关于人民法院民事执行中拍卖、变卖财产的规定》第十六条（或第二十四条、第二十五条）、第二十条、第二十六条第一款/第二款（非经拍卖程序以物抵债的，引用《最高人民法院关于适用〈中华人民共和国民事诉讼法〉的解释》第四百八十九条或第四百九十条）规定，裁定如下：

一、将被执行人×××的……（写明财产名称、数量或数额、所在地等）作价……元，交付申请执行人×××抵偿……（写明债务内容）。（执行标的为动产的，写明：）……所有权自交付时起转移给买受人×××。（执行标的为不动产、有登记的特定动产或者其他财产权的，写明：）……所有权（或其他权利）自本裁定送达申请执行人×××时起转移。

二、申请执行人×××可持本裁定书到登记机构办理相关产权过户登记

手续。(本项仅适用于需办理过户手续的财产)

审　判　长　×××
审　判　员　×××
审　判　员　×××

××××年××月××日
（院印）
法 官 助 理　×××
书　记　员　×××

【说明】

1. 本样式根据《最高人民法院关于适用〈中华人民共和国民事诉讼法〉的解释》第四百八十九条、第四百九十条，《最高人民法院关于人民法院民事执行中拍卖、变卖财产的规定》第十六条、第二十条、第二十四条、第二十五条、第二十六条规定制定，供人民法院对逾期不履行义务的被执行人采取以物抵债时用。

2. 经双方当事人和其他执行债权人同意，可以不经拍卖、变卖，直接将被执行人的财产作价交申请执行人抵偿债务，应当引用《最高人民法院关于适用〈中华人民共和国民事诉讼法〉的解释》第四百八十九条规定；无法拍卖或者变卖，经申请执行人同意的，应当引用《最高人民法院关于适用〈中华人民共和国民事诉讼法〉的解释》第四百九十条规定；在拍卖变卖程序中以物抵债的，引用《最高人民法院关于人民法院民事执行中拍卖、变卖财产的规定》第十六条、第二十条、第二十四条、第二十五条、第二十六条规定。

【裁判依据】

《最高人民法院关于人民法院民事执行中拍卖、变卖财产的规定》（2020年修正）

第十六条 拍卖时无人竞买或者竞买人的最高应价低于保留价，到场的申请执行人或者其他执行债权人申请或者同意以该次拍卖所定的保留价接受拍卖财产的，应当将该财产交其抵债。

有两个以上执行债权人申请以拍卖财产抵债的，由法定受偿顺位在先的债权人优先承受；受偿顺位相同的，以抽签方式决定承受人。承受人应受清偿的债权额低于抵债财产的价额的，人民法院应当责令其在指定的期间内补交差额。

第二十条 拍卖成交或者以流拍的财产抵债的，人民法院应当作出裁定，并于价款或者需要补交的差价全额交付后十日内，送达买受人或者承受人。

第二十四条 对于第二次拍卖仍流拍的动产，人民法院可以依照本规定

第十六条的规定将其作价交申请执行人或者其他执行债权人抵债。申请执行人或者其他执行债权人拒绝接受或者依法不能交付其抵债的，人民法院应当解除查封、扣押，并将该动产退还被执行人。

第二十五条 对于第二次拍卖仍流拍的不动产或者其他财产权，人民法院可以依照本规定第十六条的规定将其作价交申请执行人或者其他执行债权人抵债。申请执行人或者其他执行债权人拒绝接受或者依法不能交付其抵债的，应当在六十日内进行第三次拍卖。

第三次拍卖流拍且申请执行人或者其他执行债权人拒绝接受或者依法不能接受该不动产或者其他财产权抵债的，人民法院应当于第三次拍卖终结之日起七日内发出变卖公告。自公告之日起六十日内没有买受人愿意以第三次拍卖的保留价买受该财产，且申请执行人、其他执行债权人仍不表示接受该财产抵债的，应当解除查封、冻结，将该财产退还被执行人，但对该财产可以采取其他执行措施的除外。

第二十六条 不动产、动产或者其他财产权拍卖成交或者抵债后，该不动产、动产的所有权、其他财产权自拍卖成交或者抵债裁定送达买受人或者承受人时起转移。

《最高人民法院关于适用〈中华人民共和国民事诉讼法〉的解释》（2022年修正）

第四百八十九条 经申请执行人和被执行人同意，且不损害其他债权人合法权益和社会公共利益的，人民法院可以不经拍卖、变卖，直接将被执行人的财产作价交申请执行人低偿债务。对剩余债务，被执行人应当继续清偿。

第四百九十条 被执行人的财产无法拍卖或者变卖的，经申请执行人同意，且不损害其他债权人合法权益和社会公共利益的，人民法院可以将该项财产作价后交付申请执行人抵偿债务，或者交付申请执行人管理；申请执行人拒绝接收或者管理的，退回被执行人。

53. 价格评估委托书

××××人民法院
价格评估委托书

（××××）……执……号

××××：

　　我院在执行×××与×××……（写明案由）一案中，需对附件清单所列财产进行价格评估。依照《最高人民法院关于人民法院民事执行中拍卖、变卖财产的规定》第四条规定，请你单位对附件清单所列财产进行价格评估，并将书面评估报告一式×份及时报送我院。

　　附：委托评估财产清单

××××年××月××日
（院印）

联 系 人：×××　　　　　联系电话：……
本院地址：……　　　　　邮　　编：……

【说明】

本样式根据《最高人民法院关于人民法院民事执行中拍卖、变卖财产的规定》第四条规定制定，供人民法院委托评估机构进行价格评估时用。

【裁判依据】

《最高人民法院关于人民法院民事执行中拍卖、变卖财产的规定》（2020年修正）

第四条 对拟拍卖的财产，人民法院可以委托具有相应资质的评估机构进行价格评估。对于财产价值较低或者价格依照通常方法容易确定的，可以不进行评估。

当事人双方及其他执行债权人申请不进行评估的，人民法院应当准许。

对被执行人的股权进行评估时，人民法院可以责令有关企业提供会计报表等资料；有关企业拒不提供的，可以强制提取。

54. 拍卖（变卖）委托书

××××人民法院
拍卖（变卖）委托书

（××××）……执……号

××××：

本院在执行×××与×××……（写明案由）一案中，于××××年××月××日裁定拍卖/变卖被执行人×××的……（写明财产名称、数量或数额、所在地等）。依照《中华人民共和国民事诉讼法》第二百五十八条规定，委托你单位对拍卖/变卖清单所列财产进行拍卖/变卖。

附：1. 委托拍卖/变卖财产清单
    2. 拍卖/变卖财产评估报告

××××年××月××日
（院印）

联 系 人：×××　　　　联系电话：……
本院地址：……　　　　　邮　　编：……

【说明】

本样式根据《中华人民共和国民事诉讼法》第二百五十八条规定制定，供人民法院委托拍卖、变卖被执行人财产时用。

【裁判依据】

《中华人民共和国民事诉讼法》（2023年修正）

第二百五十八条 财产被查封、扣押后，执行员应当责令被执行人在指定期间履行法律文书确定的义务。被执行人逾期不履行的，人民法院应当拍卖被查封、扣押的财产；不适于拍卖或者当事人双方同意不进行拍卖的，人民法院可以委托有关单位变卖或者自行变卖。国家禁止自由买卖的物品，交有关单位按照国家规定的价格收购。

55. 拍卖通知书

××××人民法院
拍卖通知书

（××××）……执……号

××××（写明当事人和已知的担保物物权人、优先购买权人或其他优先权人姓名或名称）：

本院在执行×××与×××……（写明案由）一案中，依照《中华人民共和国民事诉讼法》第二百五十八条、《最高人民法院关于适用〈中华人民共和国民事诉讼法〉的解释》第四百八十六条、《最高人民法院关于人民法院民事执行中拍卖、变卖财产的规定》第十一条规定，委托有关中介机构对被执行人×××的……（写明财产名称、数量或数额、所在地等）进行评估、拍卖。（摇珠抽签的，写明;）经……，已选定拍卖机构。现将有关事宜通知如下：

拍卖标的：……

拍卖标的权属所有人：×××

拍卖机构/人民法院：××××

联系人：×××

联系电话：……

需要了解上述拍卖物的拍卖底价、拍卖时间、地点、拍卖公告刊登的报刊以及拍卖过程中拍卖物降价情况等有关事宜的，请直接与××××联系。

优先购买权人经通知未到场的，视为放弃优先购买权。

特此通知。

××××年××月××日

（院印）

【说明】

本样式根据《中华人民共和国民事诉讼法》第二百五十八条、《最高人民法院关于适用〈中华人民共和国民事诉讼法〉的解释》第四百八十六条、《最高人民法院关于人民法院民事执行中拍卖、变卖财产的规定》第十一条规定制定，供人民法院委托拍卖机构拍卖被执行人财产时用。

【裁判依据】

《中华人民共和国民事诉讼法》（2023年修正）

第二百五十八条 财产被查封、扣押后，执行员应当责令被执行人在指定期间履行法律文书确定的义务。被执行人逾期不履行的，人民法院应当拍卖被查封、扣押的财产；不适于拍卖或者当事人双方同意不进行拍卖的，人民法院可以委托有关单位变卖或者自行变卖。国家禁止自由买卖的物品，交有关单位按照国家规定的价格收购。

《最高人民法院关于适用〈中华人民共和国民事诉讼法〉的解释》（2022年修正）

第四百八十六条 依照民事诉讼法第二百五十四条[①]规定，人民法院在执行中需要拍卖被执行人财产的，可以由人民法院自行组织拍卖，也可以交由具备相应资质的拍卖机构拍卖。

交拍卖机构拍卖的，人民法院应当对拍卖活动进行监督。

《最高人民法院关于人民法院民事执行中拍卖、变卖财产的规定》（2020年修正）

第十一条 人民法院应当在拍卖五日前以书面或者其他能够确认收悉的适当方式，通知当事人和已知的担保物权人、有限购买权人或者其他优先权人于拍卖日到场。

优先购买权人经通知未到场的，视为放弃优先购买权。

---

① 2023年修正的民事诉讼法第二百五十八条。

56. 查封公告

××××人民法院
查封公告

本院依据（××××）……执……号执行裁定书，于××××年××月××日查封了被执行人如下财产：

编号	财产名称	地址、证号及其他	数量
1			
2			
3			
4			
5			
6			
7			
8			

上述财产已由有关部门协助本院登记查封，查封期限自××××年××月××日起至××××年××月××日止。在上述期限内，任何人不得对被查封的财产转移、设定权利负担或者其他有碍执行的行为，否则，本院将依法追究其法律责任。

特此公告。

××××年××月××日

（院印）

【说明】

1. 本样式根据《最高人民法院关于人民法院民事执行中查封、扣押、冻结财产的规定》第六条、第七条、第八条、第二十四条第三款规定制定，供人民法院对查封财产进行公告时用。

2. 预查封的公告可参照本样式制作。

【裁判依据】

《最高人民法院关于人民法院民事执行中查封、扣押、冻结财产的规定》（2020年修正）

第六条 查封、扣押动产的，人民法院可以直接控制该项财产。人民法院将查封、扣押的动产交付其他人控制的，应当在该动产上加贴封条或者采取其他足以公示查封、扣押的适当方式。

第七条 查封不动产的，人民法院应当张贴封条或者公告，并可以提取保存有关财产权证照。

查封、扣押、冻结已登记的不动产、特定动产及其他财产权，应当通知有关登记机关办理登记手续。未办理登记手续的，不得对抗其他已经办理了登记手续的查封、扣押、冻结行为。

第八条 查封尚未进行权属登记的建筑物时，人民法院应当通知其管理人或者该建筑物的实际占有人，并在显著位置张贴公告。

第二十四条第三款 人民法院的查封、扣押、冻结没有公示的，其效力不得对抗善意第三人。

57. 查封（扣押、冻结）财产清单

查封（扣押、冻结）财产清单

（××××）……执……号

编号	财物名称	规格型号	数量或数额	单位	备注
1					
2					
3					
4					
5					
6					
7					
8					

被执行人（或其他成年家属）（签名）
在场人员（签名）
××××年××月××日

执行人员（签名）
书记员（签名）
××××年××月××日

注：本清单一式两份，一份交被执行人，一份随查封裁定书存卷。

【说明】

1. 本清单根据《中华人民共和国民事诉讼法》第二百五十六条第二款规定制定，供人民法院查封、扣押、冻结财产时用。

2. 人民法院查封、扣押财产时，被执行人是公民的，应当通知被执行人或者他的成年家属到场；被执行人是法人或者其他组织的，应当通知其法定代表人或者主要负责人到场。拒不到场的，不影响执行。被执行人是公民的，其工作单位或者财产所在地的基层组织应当派人参加。对被查封、扣押的财产，执行员必须造具清单，由在场人签名或者盖章后，交被执行人一份。被执行人是公民的，也可以交他的成年家属一份。

【裁判依据】

《中华人民共和国民事诉讼法》（2023年修正）

第二百五十六条第二款 对被查封、扣押的财产，执行员必须造具清单，由在场人签名或者盖章后，交被执行人一份。被执行人是公民的，也可以交他的成年家属一份。

58. 拍卖公告

××××人民法院
拍卖公告

本院在执行×××与×××……（写明案由）一案中，对被执行人××××的……（写明财产的名称、数量或数额、所在地等）进行评估、拍卖。（委托拍卖的，写明：）经……（写明选定拍卖机构的方式），委托××××拍卖。现将有关事宜公告如下：

拍卖标的：……

拍卖标的权属所有人：×××

拍卖机构（或人民法院）：××××

联系人：×××

联系电话：……

与本案拍卖财产有关的担保物权人、优先权人或者其他优先权人于拍卖日到场；优先购买权人届时未到场的，视为放弃优先购买权。

其他参加竞买的单位和个人需要了解上述拍卖物的拍卖底价、拍卖时间、地点、拍卖公告刊登的报刊以及拍卖过程中拍卖物的降价情况等有关事宜的，请直接与××××联系。

特此公告。

××××年××月××日

（院印）

【说明】

本样式根据《中华人民共和国民事诉讼法》第二百五十八条、《最高人民法院关于适用〈中华人民共和国民事诉讼法〉的解释》第四百八十六条、《最高人民法院关于人民法院民事执行中拍卖、变卖财产的规定》第八条规定制定，供人民法院拍卖被执行人财产，公告有关当事人和相关权利人时用。

【裁判依据】

《中华人民共和国民事诉讼法》（2023年修正）

第二百五十八条 财产被查封、扣押后，执行员应当责令被执行人在指定期间履行法律文书确定的义务。被执行人逾期不履行的，人民法院应当拍卖被查封、扣押的财产；不适于拍卖或者当事人双方同意不进行拍卖的，人民法院可以委托有关单位变卖或者自行变卖。国家禁止自由买卖的物品，交有关单位按照国家规定的价格收购。

《最高人民法院关于适用〈中华人民共和国民事诉讼法〉的解释》（2022年修正）

第四百八十六条 依照民事诉讼法第二百五十四条[①]规定，人民法院在执行中需要拍卖被执行人财产的，可以由人民法院自行组织拍卖，也可以交由具备相应资质的拍卖机构拍卖。

交拍卖机构拍卖的，人民法院应当对拍卖活动进行监督。

《最高人民法院关于人民法院民事执行中拍卖、变卖财产的规定》（2020年修正）

第八条 拍卖应当先期公告。

拍卖动产的，应当在拍卖七日前公告；拍卖不动产或者其他财产权的，应当在拍卖十五日前公告。

---

① 2023年修正的民事诉讼法第二百五十八条。

59. 公告（强制迁出房屋或退出土地用）

××××人民法院

公告

（××××）……执……号

本院在执行×××与×××……（写明案由）一案中，于××××年××月××日向被执行人×××发出（××××）……号执行通知书，责令……（写明应当履行的义务），但被执行人×××未履行。依照《中华人民共和国民事诉讼法》第二百六十一条第一款规定，责令被执行人×××在×××年××月××日前迁出房屋/退出土地。到期仍不履行的，本院将依法强制执行。

特此公告。

院　长　×××

××××年××月××日

（院印）

【说明】

本样式根据《中华人民共和国民事诉讼法》第二百六十一条第一款规定制定，供人民法院发出公告强制被执行人迁出房屋或退出土地时用。

【裁判依据】

《中华人民共和国民事诉讼法》（2023年修正）

第二百六十一条第一款 强制迁出房屋或者强制退出土地，由院长签发公告，责令被执行人在指定期间履行。被执行人逾期不履行的，由执行员强制执行。

60. 搜查令

××××人民法院
搜查令

（××××）……执……号

依照《中华人民共和国民事诉讼法》第二百五十九条规定，发出如下搜查令：

特派搜查人员×××、×××等×人，对……（写明被执行人及其住所或财产隐匿地）进行搜查。

此令

院　长　×××

××××年××月××日

（院印）

注：搜查令应由执行人员当场宣布。搜查情况另行制作笔录。

【说明】

本样式根据《中华人民共和国民事诉讼法》第二百五十九条规定制定，供人民法院对被执行人及其住所或者财产隐匿地进行搜查时用。

【裁判依据】

《中华人民共和国民事诉讼法》（2023年修正）

第二百五十九条　被执行人不履行法律文书确定的义务，并隐匿财产的，人民法院有权发出搜查令，对被执行人及其住所或者财产隐匿地进行搜查。

采取前款措施，由院长签发搜查令。

五、执行财产交付及完成行为

61. 通知书（责令交出财物、票证用）

××××人民法院
责令交出财物（票证）通知书

（××××）……执……号

××××：

　　本院在执行×××与×××……（写明案由）一案中，查明××××人民法院（或其他生效法律文书的作出机关）（××××）……号民事判决（或其他生效法律文书）确定交付的……被你/你单位持有/隐匿/非法转移。依照《最高人民法院关于人民法院执行工作若干问题的规定（试行）》第41条（被执行人的财产经拍卖、变卖或者裁定以物抵债后需交付的，引用第43条；有关公民持有该项财物或票证的，引用《中华人民共和国民事诉讼法》第二百六十条第三款）规定，通知如下：

　　责令你/你单位自本通知书送达之日起××日内将……交付本院。

　　逾期不交的，本院将采取强制执行措施。

　　特此通知。

××××年××月××日

(院印)

联 系 人：×××　　　联系电话：……
本院地址：……　　　邮　　编：……

【说明】

1. 本样式根据《中华人民共和国民事诉讼法》第二百六十条第三款、《最高人民法院关于人民法院执行工作若干问题的规定（试行）》第41条、第43条规定制定，供人民法院在责令被执行人或占有人交出特定标的物时用。

2. 法律依据的引用，交出被执行人财物或票证的，均引用《最高人民法院关于人民法院执行工作若干问题的规定（试行）》第41条规定；有关公民持有该项财产或票证的，增加引用《中华人民共和国民事诉讼法》第二百六十条第三款；被执行人的财产经拍卖、变卖或者裁定以物抵债后需交付的，增加引用《最高人民法院关于人民法院执行工作若干问题的规定（试行）》第43条。

【裁判依据】

《中华人民共和国民事诉讼法》（2023年修正）

第二百六十条　法律文书指定交付的财物或者票证，由执行员传唤双方当事人当面交付，或者由执行员转交，并由被交付人签收。

有关单位持有该项财物或者票证的，应当根据人民法院的协助执行通知书转交，并由被交付人签收。

有关公民持有该项财物或者票证的，人民法院通知其交出。拒不交出的，强制执行。

《最高人民法院关于人民法院执行工作若干问题的规定（试行）》（2020年修正）

第41条　生效法律文书确定被执行人交付特定标的物的，应当执行原物。原物被隐匿或非法转移的，人民法院有权责令其交出。原物确已毁损或灭失的，经双方当事人同意，可以折价赔偿。

双方当事人对折价赔偿不能协商一致的，人民法院应当终结执行程序。申请执行人可以另行起诉。

第43条　被执行人的财产经拍卖、变卖或裁定以物抵债后，需从现占有人处交付给买受人或申请执行人的，适用民事诉讼法第二百四十九条、第二百五十条[①]和本规定第41条、第42条的规定。

---

① 2023年修正的民事诉讼法第二百六十条、第二百六十一条。

62. 委托书（代为完成指定行为用）

××××人民法院
代为完成指定行为委托书

（××××）……执……号

×××：

　　本院在执行×××与×××……（写明案由）一案中，被执行人未在××××人民法院（或其他生效法律文书的作出机关）（××××）……号民事判决（或其他生效法律文书）确定的期限内完成指定行为。依照《中华人民共和国民事诉讼法》第二百六十三条、《最高人民法院关于适用〈中华人民共和国民事诉讼法〉的解释》第五百零一条、第五百零二条、《最高人民法院关于人民法院执行工作若干问题的规定（试行）》第44条第2款规定，现委托你/你单位完成……（写明指定行为），并将履行指定行为的情况及时报告本院。

　　附：生效法律文书×份

××××年××月××日
（院印）

【说明】

本样式根据《中华人民共和国民事诉讼法》第二百六十三条，《最高人民法院关于适用〈中华人民共和国民事诉讼法〉的解释》第五百零一条、第五百零二条，《最高人民法院关于人民法院执行工作若干问题的规定（试行）》第44条第2款规定制定，供人民法院对被执行人拒不履行生效法律文书中指定的可以替代履行的行为，依法委托有关单位或个人完成指定行为时用。

【裁判依据】

《中华人民共和国民事诉讼法》（2023年修正）

第二百六十三条　对判决、裁定和其他法律文书指定的行为，被执行人未按执行通知履行的，人民法院可以强制执行或者委托有关单位或者其他人完成，费用由被执行人承担。

《最高人民法院关于适用〈中华人民共和国民事诉讼法〉的解释》（2022年修正）

第五百零一条　被执行人不履行生效法律文书确定的行为义务，该义务可由他人完成的，人民法院可以选定代履行人；法律、行政法规对履行该行为义务有资格限制的，应当从有资格的人中选定。必要时，可以通过招标的方式确定代履行人。

申请执行人可以在符合条件的人中推荐代履行人，也可以申请自己代为履行，是否准许，由人民法院决定。

第五百零二条　代履行费用的数额由人民法院根据案件具体情况确定，并由被执行人在指定期限内预先支付。被执行人未预付的，人民法院可以对该费用强制执行。

代履行结束后，被执行人可以查阅、复制费用清单以及主要凭证。

《最高人民法院关于人民法院执行工作若干问题的规定（试行）》（2020年修正）

第44条第2款　对于可以替代履行的行为，可以委托有关单位或他人完成，因完成上述行为发生的费用由被执行人承担。

63. 通知书（责令追回财物或票证用）

××××人民法院
责令追回财物（票证）通知书

（××××）……执……号

××××：

　　本院在执行×××与×××……（写明案由）一案中，因你/你单位持有××××人民法院（或其他生效法律文书的作出机关）（××××）……号民事判决（或其他生效法律文书）指定交付的……（写明财物或票证名称、数量或数额、所在地等），于××××年××月××日向你/你单位送达协助执行通知书。你/你单位却协同被执行人×××将财物/票证转移。依照《最高人民法院关于人民法院执行工作若干问题的规定（试行）》第42条规定，责令你/你单位在本通知书送达后××日内向本院交出……（写明财物或票证名称、数量或数额、所在地等）。

　　逾期不向本院交出财物/票证，你/你单位将承担相应赔偿责任。

　　特此通知。

××××年××月××日
（院印）

【说明】

本样式根据《最高人民法院关于人民法院执行工作若干问题的规定（试行）》第 42 条规定制定，供人民法院在责令有关单位或个人限期追回财物或票证时用。

【裁判依据】

《最高人民法院关于人民法院执行工作若干问题的规定（试行）》（2020 年修正）

第 42 条 有关组织或者个人持有法律文书指定交付的财物或票证，在接到人民法院协助执行通知书或通知书后，协同被执行人转移财物或票证的，人民法院有权责令其限期追回；逾期未追回的，应当裁定其承担赔偿责任。

六、审查不予执行申请

64. 执行裁定书（审查不予执行国内仲裁裁决申请用）

××××人民法院
执行裁定书

（××××）……执……号

申请人：×××，……。
法定代理人/指定代理人/法定代表人/主要负责人：×××，……。
委托诉讼代理人：×××，……。
被申请人：×××，……。
……
（以上写明申请人、被申请人和其他诉讼参加人的姓名或者名称等基本信息）

本院在执行×××与×××……（写明案由）一案中，×××申请不予执行××××仲裁委员会作出（××××）……号裁决。本院依法组成合议庭进行审查，现已审查终结。

×××称，……（写明申请不予执行仲裁裁决的事实和理由）。

×××辩称，……（写明答辩意见）。

本院查明，……（写明查明的事实）。

本院认为，……（写明理由）。

综上所述，依照《中华人民共和国民事诉讼法》第一百五十七条第一款第十一项、第二百四十八条第二款第×项/第三款（部分不予执行的，增加引用《最高人民法院关于适用〈中华人民共和国民事诉讼法〉的解释》第四百七十五条）规定，裁定如下：

（不予执行全部仲裁裁决内容的，写明：）不予执行××××仲裁委员会（××××）……号裁决。

（不予执行部分仲裁裁决内容的，写明：）不予执行××××仲裁委员会（××××）……号裁决的××事项。

（驳回申请的，写明：）驳回申请人×××不予执行××××仲裁委员会（××××）……号裁决的申请。

本裁定送达后即发生法律效力。

审　判　长　×××
审　判　员　×××
审　判　员　×××

××××年××月××日
（院印）
法　官　助　理　×××
书　记　员　×××

【说明】

1. 本样式根据《中华人民共和国民事诉讼法》第一百五十七条第一款第十一项、第二百四十八条第二款、第三款，《最高人民法院关于适用〈中华人民共和国民事诉讼法〉的解释》第四百七十五条规定制定，供人民法院不予执行仲裁裁决或者驳回申请时用。

2. 本样式中的"申请人"与"被申请人"与仲裁裁决中的"申请人"和"被申请人"不同，不应混同。

3. 各中级人民法院或者专门人民法院办理非涉外涉港澳台仲裁司法审查案件，经审查拟认定仲裁协议无效，不予执行或者撤销我国内地仲裁机构的仲裁裁决，应当向本辖区所属高级人民法院报核；待高级人民法院审核后，方可依高级人民法院的审核意见作出裁定。上述的非涉外涉港澳台仲裁司法审查案件，高级人民法院经审查，拟同意中级人民法院或者专门人民法院以违背社会公共利益为由不予执行或者撤销我国内地仲裁机构的仲裁裁决的，应当向最高人民法院报核，待最高人民法院审核后，方可依最高人民法院的审核意见作出裁定。

【裁判依据】

《中华人民共和国民事诉讼法》（2023年修正）

第一百五十七条第一款第十一项 裁定适用于下列范围：

（十一）其他需要裁定解决的事项。

第二百四十八条第二款 被申请人提出证据证明仲裁裁决有下列情形之一的，经人民法院组成合议庭审查核实，裁定不予执行：

（一）当事人在合同中没有订有仲裁条款或者事后没有达成书面仲裁协议的；

（二）裁决的事项不属于仲裁协议的范围或者仲裁机构无权仲裁的；

（三）仲裁庭的组成或者仲裁的程序违反法定程序的；

（四）裁决所根据的证据是伪造的；

（五）对方当事人向仲裁机构隐瞒了足以影响公正裁决的证据的；

（六）仲裁员在仲裁该案时有贪污受贿，徇私舞弊，枉法裁决行为的。

第二百四十八条第三款 人民法院认定执行该裁决违背社会公共利益的，裁定不予执行。

《最高人民法院关于适用〈中华人民共和国民事诉讼法〉的解释》（2022年修正）

第四百七十五条 仲裁机构裁决的事项，部分有民事诉讼法第二百四十四条①第二款、第三款规定情形的，人民法院应当裁定对该部分不予执行。

应当不予执行部分与其他部分不可分的，人民法院应当裁定不予执行仲裁裁决。

---

① 2023年修正的民事诉讼法第二百四十八条。

65. 执行裁定书（审查不予执行涉外仲裁裁决申请用）

××××人民法院
执行裁定书

（××××）……执……号

申请人：×××，……。

法定代理人/指定代理人/法定代表人/主要负责人：×××，……。

委托诉讼代理人：×××，……。

被申请人：×××，……。

……

（以上写明申请人、被申请人和其他诉讼参加人的姓名或者名称等基本信息）

×××与×××……（写明案由）一案，××××仲裁委员会作出（××××）……号裁决。×××向本院申请强制执行，本院于××××年××月××日立案执行。在本院执行过程中，×××提出不予执行申请。本院依法组成合议庭进行审查，现已审查终结。

×××称，……（写明申请不予执行仲裁裁决的事实和理由）。

×××辩称，……（写明答辩意见）。

本院查明，……（写明查明的事实）。

本院认为，……（写明理由）。

综上所述，依照《中华人民共和国民事诉讼法》第二百九十一条、《最高人民法院关于适用〈中华人民共和国民事诉讼法〉的解释》第五百三十九条规定，裁定如下：

（不予执行的，写明：）不予执行××××仲裁委员会（××××）……

号裁决。

（驳回申请的，写明：）驳回申请人提出不予执行的申请。

本裁定送达后即发生法律效力。

审　判　长　×××
审　判　员　×××
审　判　员　×××

××××年××月××日
（院印）
法　官　助　理　×××
书　记　员　×××

【说明】

1. 本样式根据《中华人民共和国民事诉讼法》第二百九十一条、《最高人民法院关于适用〈中华人民共和国民事诉讼法〉的解释》第五百三十九条规定制定，供人民法院审查不予执行涉外仲裁裁决申请时用。

2. 各中级人民法院或者专门人民法院办理涉外涉港澳台仲裁司法审查案件，经审查拟认定仲裁协议无效，不予执行或者撤销我国内地仲裁机构的仲裁裁决，不予认可和执行香港特别行政区、澳门特别行政区、台湾地区仲裁裁决，不予承认和执行外国仲裁裁决，应当向本辖区所属高级人民法院报核；高级人民法院经审查拟同意的，应当向最高人民法院报核。待最高人民法院审核后，方可依最高人民法院的审核意见作出裁定。

【裁判依据】

《中华人民共和国民事诉讼法》（2023年修正）

第二百九十一条　对中华人民共和国涉外仲裁机构作出的裁决，被申请人提出证据证明仲裁裁决有下列情形之一的，经人民法院组成合议庭审查核实，裁定不予执行：

（一）当事人在合同中没有订有仲裁条款或者事后没有达成书面仲裁协议的；

（二）被申请人没有得到指定仲裁员或者进行仲裁程序的通知，或者由于其他不属于被申请人负责的原因未能陈述意见的；

（三）仲裁庭的组成或者仲裁的程序与仲裁规则不符的；

（四）裁决的事项不属于仲裁协议的范围或者仲裁机构无权仲裁的。

人民法院认定执行该裁决违背社会公共利益的，裁定不予执行。

《最高人民法院关于适用〈中华人民共和国民事诉讼法〉的解释》（2022年修正）

第五百三十九条　人民法院强制执行涉外仲裁机构的仲裁裁决时，被执行人以有民事诉讼法第二百八十一条第一款规定的情形为由提出抗辩的，人民法院应当对被执行人的抗辩进行审查，并根据审查结果裁定执行或者不予执行。

66. 执行裁定书（审查不予执行公证债权文书申请用）

××××人民法院
执行裁定书

（××××）……执……号

申请人：×××，……。
法定代理人/指定代理人/法定代表人/主要负责人：×××，……。
委托诉讼代理人：×××，……。
被申请人：×××，……。
……
（以上写明申请人、被申请人和其他诉讼参加人的姓名或者名称等基本信息）

（当事人申请不予执行的，写明：）×××于××××年××月××日向本院提出书面申请，请求不予执行××××公证处制发的赋予强制执行效力的（××××）……号公证债权文书。本院依法组成合议庭进行审查，现已审查终结。

×××称，……（写明请求不予执行的事实和理由）。

×××辩称，……（写明答辩意见）。

（人民法院发现公证债权文书确有错误，依职权作出裁定的，可略去以上三部分，写明：）×××申请执行××××公证处制发的赋予强制执行效力的（××××）……号公证债权文书一案，本院依法组成合议庭进行审查，现已审查终结。

本院查明，……（写明查明的事实）。

本院认为，……（写明理由）。

依照《中华人民共和国民事诉讼法》第二百四十九条第二款，《最高人民法院关于适用〈中华人民共和国民事诉讼法〉的解释》第四百七十八条第一款第×项（或第二款）、第四百七十九条，《最高人民法院关于人民法院办理执行异议和复议案件若干问题的规定》第十条规定，裁定如下：

（驳回申请的，写明：）驳回申请人×××不予执行××××公证处（××××）……号公证债权文书的申请。

（不予执行的，写明：）不予执行××××公证处（××××）……号公证债权文书。

本裁定送达后即发生法律效力。

审　判　长　×××
审　判　员　×××
审　判　员　×××

××××年××月××日
（院印）
法　官　助　理　×××
书　记　员　×××

【说明】

本样式根据《中华人民共和国民事诉讼法》第二百四十九条第二款，《最高人民法院关于适用〈中华人民共和国民事诉讼法〉的解释》第四百七十八条第一款、第二款、第四百七十九条，《最高人民法院关于人民法院办理执行异议和复议案件若干问题的规定》第十条规定制定，供人民法院在当事人申请不予执行公证债权文书进行审查时用。

【裁判依据】

《中华人民共和国民事诉讼法》（2023年修正）

第二百四十九条第二款 公证债权文书确有错误的，人民法院裁定不予执行，并将裁定书送达双方当事人和公证机关。

《最高人民法院关于适用〈中华人民共和国民事诉讼法〉的解释》（2022年修正）

第四百七十八条第一款 有下列情形之一的，可以认定为民事诉讼法第二百四十五条[①]第二款规定的公证文书确有错误：

（一）公证债权文书属于不得赋予强制执行效力党的债权文书的；

（二）被执行人一方未亲自或者未委托代理人到场公证等严重违反法律规定的公证程序的；

（三）公证债权文书的内容与事实不符或者违反法律强制性规定的；

（四）公证债权文书未载明被执行人不履行义务或者不完全履行义务时同意接受强制执行的。

第四百七十八条第二款 人民法院认定执行该公证债权文书违背社会公共利益的，裁定不予执行。

第四百七十九条 当事人请求不予执行仲裁裁决或者公证债权文书的，应当在执行终结前向执行法院提出。

---

① 2023年修正的民事诉讼法第二百四十九条。

《最高人民法院关于人民法院办理执行异议和复议案件若干问题的规定》
（2020年修正）

第十条 当事人不服驳回不予执行公证债权文书申请的裁定的，可以自收到裁定之日起十日内向上一级人民法院申请复议。上一级人民法院应当自收到复议申请之日起三十日内审查，理由成立的，裁定撤销原裁定，不予执行该公证债权文书；理由不成立的，裁定驳回复议申请。复议期间，不停止执行。

七、执行管辖

67. 函（报请上级人民法院执行用）

××××人民法院
报请上级人民法院执行函

（××××）……执……号

××××人民法院：

　　×××与×××……（写明案由）一案，本院于××××年××月××日立案执行，案号为（××××）……号。因……（写明报请执行的事实和理由），需钧院执行。依照《最高人民法院关于人民法院执行工作若干问题的规定（试行）》第15条规定，现将该案有关案情报告呈报钧院，请予审查批准。

　　附：案情报告×份

××××年××月××日
（院印）

【说明】

本样式根据《最高人民法院关于人民法院执行工作若干问题的规定（试行）》第15条规定制定，供人民法院报请上一级人民法院执行时用。

【裁判依据】

《最高人民法院关于人民法院执行工作若干问题的规定（试行）》（2020年修正）

第15条 基层人民法院和中级人民法院管辖的执行案件，因特殊情况需要由上级人民法院执行的，可以报请上级人民法院执行。

67－1. 函（商请移送执行用）[①]

××××人民法院
商请移送执行函

（××××）……号

××××人民法院：

……（写明当事人姓名或名称和案由）一案的……（写明生效法律文书名称）已经发生法律效力。由于……［写明本案债权人依法享有顺位在先的担保物权（优先权）和首先查封法院没有及时对查封财产进行处理的情况，以及商请移送执行的理由］。根据《最高人民法院关于首先查封法院与优先债权执行法院处分查封财产有关问题的批复》之规定，请你院在收到本函之日起十五日内向我院出具移送执行函，将……（写明具体查封财产）移送我院执行。

附件：
1. 据以执行的生效法律文书
2. 有关案件情况说明
3. 其他必要的案件材料

××××年××月××日

（院印）

联 系 人：×××　　　　联系电话：……
本院地址：……　　　　邮　　编：……

[①] 样式43－1及样式43－2根据《最高人民法院关于首先查封法院与优先债权执行法院处分查封财产有关问题的批复》（法释〔2016〕6号）的附件改写。

67－2. 函（移送执行用）

××××人民法院
移送执行函

（××××）……号

××××人民法院：

你院（××××）……号商请移送执行函收悉。我院于××××年××月××日对……（写明具体查封财产，以下简称查封财产）予以查封（或者扣押、冻结），鉴于你院（××××）……号执行案件债权人对该查封财产享有顺位在先的担保物权（优先权），现根据《最高人民法院关于首先查封法院与优先债权执行法院处分查封财产有关问题的批复》之规定及你院的来函要求，将上述查封财产移送你院执行，对该财产的续封、解封和变价、分配等后续工作，交由你院办理，我院不再负责。请你院在后续执行程序中，对我院执行案件债权人×××作为首先查封债权人所享有的各项权利依法予以保护，并将执行结果及时告知我院。

附件：

1. 据以执行的生效法律文书

2. 有关案件情况的材料和说明（内容包括查封财产的查封、调查、异议、评估、处置和剩余债权数额等案件执行情况，执行员姓名及联系电话、申请执行人地址及联系电话等）

3. 其他必要的案件材料

××××年××月××日

（院印）

联 系 人：×××　　　　联系电话：……
本院地址：……　　　　邮　　编：……

【裁判依据】

《最高人民法院关于首先查封法院与优先债权执行法院处分查封财产有关问题的批复》（法释〔2016〕6号）

福建省高级人民法院：

你院《关于解决法院首封处分权与债权人行使优先受偿债权冲突问题的请示》（闽高法〔2015〕261号）收悉。经研究，批复如下：

一、执行过程中，应当由首先查封、扣押、冻结（以下简称查封）法院负责处分查封财产。但已进入其他法院执行程序的债权对查封财产有顺位在先的担保物权、优先权（该债权以下简称优先债权），自首先查封之日起已超过60日，且首先查封法院就该查封财产尚未发布拍卖公告或者进入变卖程序的，优先债权执行法院可以要求将该查封财产移送执行。

二、优先债权执行法院要求首先查封法院将查封财产移送执行的，应当出具商请移送执行函，并附确认优先债权的生效法律文书及案件情况说明。

首先查封法院应当在收到优先债权执行法院商请移送执行函之日起15日内出具移送执行函，将查封财产移送优先债权执行法院执行，并告知当事人。

移送执行函应当载明将查封财产移送执行及首先查封债权的相关情况等内容。

三、财产移送执行后，优先债权执行法院在处分或继续查封该财产时，可以持首先查封法院移送执行函办理相关手续。

优先债权执行法院对移送的财产变价后，应当按照法律规定的清偿顺序分配，并将相关情况告知首先查封法院。

首先查封债权尚未经生效法律文书确认的，应当按照首先查封债权的清偿顺位，预留相应份额。

四、首先查封法院与优先债权执行法院就移送查封财产发生争议的，可以逐级报请双方共同的上级法院指定该财产的执行法院。

共同的上级法院根据首先查封债权所处的诉讼阶段、查封财产的种类及所在地、各债权数额与查封财产价值之间的关系等案件具体情况，认为由首先查封法院执行更为妥当的，也可以决定由首先查封法院继续执行，但应当督促其在指定期限内处分查封财产。

此复

68. 执行决定书（指定执行管辖用）

××××人民法院
执行决定书

（××××）……执……号

××××人民法院、××××人民法院：

　　××××人民法院以……（写明函文字号、标题）协调函，报请本院协调与××××人民法院在执行中因×××与×××……（写明案由）一案产生的执行管辖权争议，报请本院指定管辖。本院依法组成合议庭进行审查，现已审查终结。

　　本院查明，……（写明查明的事实）。

　　本院认为，……（写明理由）。

　　依照《最高人民法院关于人民法院执行工作若干问题的规定（试行）》第14条、第67条规定，决定如下：

　　×××与×××……（写明案由）一案由××××人民法院执行。

　　本决定立即执行。

审　判　长　×××
审　判　员　×××
审　判　员　×××

××××年××月××日
（院印）
法　官　助　理　×××
书　记　员　×××

【说明】

本样式根据《最高人民法院关于人民法院执行工作若干问题的规定（试行）》第14条、第67条规定制定，供上级人民法院指定执行管辖时用。

【裁判依据】

《最高人民法院关于人民法院执行工作若干问题的规定（试行）》（2020年修正）

第14条　人民法院之间因执行管辖权发生争议的，由双方协商解决；协商不成的，报请双方共同的上级人民法院指定管辖。

第67条　两个或两个以上人民法院在执行相关案件中发生争议的，应当协商解决。协商不成的，逐级报请上级法院，直至报请共同的上级法院协调处理。

执行争议经高级人民法院协商不成的，由有关的高级人民法院书面报请最高人民法院协调处理。

69. 执行裁定书（提级执行用）

××××人民法院
执行裁定书

（××××）……执……号

申请执行人：×××，……。

法定代理人/指定代理人/法定代表人/主要负责人：×××，……。

委托诉讼代理人：×××，……。

被执行人：×××，……。

……

（以上写明申请执行人、被执行人和其他诉讼参加人的姓名或者名称等基本信息）

××××人民法院执行的……（写明原执行案号、当事人及案由）一案，……（写明提级执行的理由）。根据《最高人民法院关于人民法院执行工作若干问题的规定（试行）》第74条第2款规定，裁定如下：

××××人民法院（或其他生效法律文书的作出机关）（××××）……号民事判决（或其他生效法律文书）由本院执行。

××××人民法院应在收到本裁定书后将有关案卷材料移送本院，并通知相关当事人。

本裁定立即执行。

审　判　长　×××
审　判　员　×××
审　判　员　×××

××××年××月××日
　　（院印）
法 官 助 理　×××
书　记　员　×××

【说明】

本样式根据《最高人民法院关于人民法院执行工作若干问题的规定（试行）》第74条第2款、《最高人民法院关于高级人民法院统一管理执行工作若干问题的规定》第九条规定制定，供上级人民法院提级执行下级人民法院正在执行的案件时用。

【裁判依据】

《最高人民法院关于人民法院执行工作若干问题的规定（试行）》（2020年修正）

第74条第2款　对下级法院长期未能执结的案件，确有必要的，上级法院可以决定由本院执行或与下级法院共同执行，也可以指定本辖区其他法院执行。

《最高人民法院关于高级人民法院统一管理执行工作若干问题的规定》（法发〔2000〕3号）

第九条　高级人民法院对下级人民法院的下列案件可以裁定提级执行：

1.高级人民法院指令下级人民法院限期执结，逾期未执结需要提级执行的；

2.下级人民法院报请高级人民法院提级执行，高级人民法院认为应当提级执行的；

3.疑难、重大和复杂的案件，高级人民法院认为应当提级执行的。

高级人民法院对最高人民法院函示提级执行的案件，应当裁定提级执行。

70. 执行裁定书（指定执行用）

××××人民法院
执行裁定书

（××××）……执……号

申请执行人：×××，……。
法定代理人/指定代理人/法定代表人/主要负责人：×××，……。
委托诉讼代理人：×××，……。
被执行人：×××，……。
……
（以上写明申请执行人、被执行人和其他诉讼参加人的姓名或者名称等基本信息）

×××与×××……（写明案由）一案，××××人民法院于××××年××月××日立案执行。现因……（写明指定执行的理由）。根据《中华人民共和国民事诉讼法》第二百三十七条，《最高人民法院关于适用〈中华人民共和国民事诉讼法〉执行程序若干问题的解释》第十条、第十一条第二款（上一级人民法院责令执行法院限期执行，执行法院在指定期间内无正当理由仍未执行完结的，引用《最高人民法院关于适用〈中华人民共和国民事诉讼法〉执行程序若干问题的解释》第十二条）规定，裁定如下：

××××人民法院（或其他生效法律文书的作出机关）（××××）……号民事判决（或其他生效法律文书）由××××人民法院执行。

××××人民法院应在收到本裁定书后将有关案卷材料移送××××人民法院，并通知相关当事人。

本裁定立即执行。

审　判　长　×××
审　判　员　×××
审　判　员　×××

××××年××月××日
（院印）
法 官 助 理　×××
书　记　员　×××

【说明】

1. 本样式根据《中华人民共和国民事诉讼法》第二百三十七条,《最高人民法院关于适用〈中华人民共和国民事诉讼法〉执行程序若干问题的解释》第十条、第十一条第二款、第十二条规定制定,供上级人民法院指定本辖区内其他人民法院执行时用。

2. 上级人民法院责令执行法院限期执行,执行法院在指定期间内无正当理由仍未执行完结的,引用《最高人民法院关于适用〈中华人民共和国民事诉讼法〉执行程序若干问题的解释》第十二条。

【裁判依据】

《中华人民共和国民事诉讼法》(2023年修正)

第二百三十七条 人民法院自收到申请执行书之日起超过六个月未执行的,申请执行人可以向上一级人民法院申请执行。上一级人民法院经审查,可以责令原人民法院在一定期限内执行,也可以决定由本院执行或者指令其他人民法院执行。

《最高人民法院关于适用〈中华人民共和国民事诉讼法〉执行程序若干问题的解释》(2020年修正)

第十条 依照民事诉讼法第二百二十六条[①]的规定,有下列情形之一的,上一级人民法院可以根据申请执行人的申请,责令执行法院限期执行或者变更执行法院:

(一)债权人申请执行时被执行人有可供执行的财产,执行法院自收到申请执行书之日起超过六个月对该财产未执行完结的;

(二)执行过程中发现被执行人可供执行的财产,执行法院自发现财产之日起超过六个月对该财产未执行完结的;

(三)对法律文书确定的行为义务的执行,执行法院自收到申请执行书之日起超过六个月未依法采取相应执行措施的;

(四)其他有条件执行超过六个月未执行的。

---

① 2023年修正的民事诉讼法第二百三十七条。

第十一条第二款 上一级人民法院决定由本院执行或者指令本辖区其他人民法院执行的,应当作出裁定,送达当事人并通知有关人民法院。

第十二条 上一级人民法院责令执行法院限期执行,执行法院在指定期间内无正当理由仍未执行完结的,上一级人民法院应当裁定由本院执行或者指令本辖区其他人民法院执行。

71. 执行决定书（决定与下级法院共同执行案件用）

××××人民法院
执行决定书

（××××）……执……号

××××人民法院：

　　你院执行的×××与×××……（写明案由）一案，因……（写明共同执行的事实和理由），依照《最高人民法院关于人民法院执行工作若干问题的规定（试行）》第74条第2款规定，决定如下：

　　本案由本院与你院共同执行。

××××年××月××日

（院印）

【说明】

本样式根据《最高人民法院关于人民法院执行工作若干问题的规定（试行）》第 74 条第 2 款规定制定，供上级人民法院与下级人民法院共同执行下级人民法院正在执行的案件时用。

【裁判依据】

《最高人民法院关于人民法院执行工作若干问题的规定（试行）》（2020 年修正）

第 74 条第 2 款　对下级法院长期未能执结的案件，确有必要的，上级法院可以决定由本院执行或与下级法院共同执行，也可以指定本辖区其他法院执行。

71－1. 执行决定书（上级法院依报请、依职权提级执行、指令执行用）[①]

××××人民法院
执行决定书

（××××）……执……号

××××人民法院、××××人民法院：

关于×××与×××……（写明案由、案号）一案，（××××人民法院报请本院提级执行/指令执行），因……（写明提级执行/指令执行的理由），依照《中华人民共和国民事诉讼法》第二百三十七条、《最高人民法院关于人民法院执行工作若干问题的规定（试行）》第74条第2款规定，决定如下：

××××人民法院（或其他生效法律文书的作出机关××××）……号民事判决（或其他生效法律文书）由本院执行/由××××人民法院执行。

××××人民法院（原执行法院）应在收到本决定书之日起七日内将有关案卷材料移送本院/移送××××人民法院，并通知相关当事人。

本决定立即执行。

××××年××月××日
（院印）

[①] 样式71－1至71－3根据《最高人民法院关于交叉执行工作的指导意见》（法发〔2024〕9号）的附件改写。

【裁判依据】

《中华人民共和国民事诉讼法》（2023年修正）

第二百三十七条　人民法院自收到申请执行书之日起超过六个月未执行的，申请执行人可以向上一级人民法院申请执行。上一级人民法院经审查，可以责令原人民法院在一定期限内执行，也可以决定由本院执行或者指令其他人民法院执行。

《最高人民法院关于人民法院执行工作若干问题的规定（试行）》（2020年修正）

第74条第2款　对下级法院长期未能执结的案件，确有必要的，上级法院可以决定由本院执行或与下级法院共同执行，也可以指定本辖区其他法院执行。

71－2. 执行决定书（上级法院依报请、依职权决定集中执行用）

××××人民法院
执行决定书

（××××）……执……号

××××人民法院（辖区所有法院）：

　　×××因与×××……（写明案由）纠纷，在本院辖区范围内有多起诉讼案件/执行案件/其他可能进入执行程序的案件，（××××人民法院报请本院集中执行），为便于当事人参与执行、便于人民法院依法及时有效开展执行工作，……（写明集中执行的具体理由），依照《最高人民法院关于人民法院执行工作若干问题的规定（试行）》第71条规定，决定如下：

　　一、涉及×××（写明当事人）的执行案件（案件数量多可附清单）由××××人民法院集中执行；

　　二、涉及×××（写明当事人）的执行案件，已立案执行但尚未执结的，有关法院应在收到本决定书之日起七日内将案件移送××××人民法院执行；

　　三、涉及×××（写明当事人）的案件，当事人申请执行的，由相关法院告知当事人向××××人民法院申请执行。本决定立即执行。

××××年××月××日
（院印）

【裁判依据】

《最高人民法院关于人民法院执行工作若干问题的规定（试行）》（2020年修正）

第71条 上级人民法院依法监督下级人民法院的执行工作。最高人民法院依法监督地方各级人民法院和专门法院的执行工作。

71－3. 执行决定书（上级法院依报请、依职权决定协同执行用）

××××人民法院
执行决定书

（××××）……执……号

××××人民法院、××××人民法院、……：

　　××××人民法院执行的×××与×××……（写明案由、案号）一案，（××××人民法院报请本院协同执行），为便于依法及时有效开展执行工作，……（写明协同执行的具体理由），依照《最高人民法院关于人民法院执行工作若干问题的规定（试行）》第71条规定，决定如下：

　　×××与×××……（写明案由、案号）一案，由××××人民法院、……协助××××人民法院开展执行工作。

　　本决定立即执行。

××××年××月××日
（院印）

【裁判依据】

《最高人民法院关于人民法院执行工作若干问题的规定（试行）》（2020年修正）

第71条 上级人民法院依法监督下级人民法院的执行工作。最高人民法院依法监督地方各级人民法院和专门法院的执行工作。

72. 执行令（执行外国法院判决用）

中华人民共和国
××××人民法院
执 行 令

（××××）……执……号

申请人×××于××××年××月××日向本院申请承认和执行××国××××法院（或××国××××法院请求本院承认和执行）对……（写明案件名称）一案于××××年××月××日作出的……判决。本院于××××年××月××日作出（××××）……号裁定，承认该判决的法律效力。依照《中华人民共和国民事诉讼法》第二百九十九条规定，命令按照该判决确定的未执行事项予以执行。

此令

院　长　×××

××××年××月××日
（院印）

【说明】

1. 本样式根据《中华人民共和国民事诉讼法》第二百九十九条规定制定，供人民法院根据申请人的申请或者外国法院的请求，作出承认外国法院判决的法律效力的裁定后，对于该判决内容的执行事项发出执行令时用。

2. 此执行令样式仅适用于执行外国法院发生法律效力的判决、裁定。

【裁判依据】

《中华人民共和国民事诉讼法》（2023年修正）

第二百九十九条　人民法院对申请或者请求承认和执行的外国法院作出的发生法律效力的判决、裁定，依照中华人民共和国缔结或者参加的国际条约，或者按照互惠原则进行审查后，认为不违反中华人民共和国法律的基本原则且不损害国家主权、安全、社会公共利益的，裁定承认其效力；需要执行的，发出执行令，依照本法的有关规定执行。

八、变更或追加执行当事人

73. 执行裁定书（变更申请执行人用）

××××人民法院
执行裁定书

（××××）……执……号

申请人：×××，……。
法定代理人/指定代理人/法定代表人/主要负责人：×××，……。
委托诉讼代理人：×××，……。
申请执行人：×××，……。
被执行人：×××，……。
……
（以上写明申请人、申请执行人、被执行人和其他诉讼参加人的姓名或者名称等基本信息）

本院在执行×××与×××……（写明案由）一案中，申请人×××于××××年××月××日向本院申请变更为本案的申请执行人，并提供了……（写明证据）。

本院查明，……（写明查明的事实）。

本院认为，……（写明理由）。依照《中华人民共和国民事诉讼法》第一百五十七条第一款第十一项规定，裁定如下：

（变更的，写明：）变更×××为本案申请执行人。

（驳回的，写明：）驳回×××变更为本案申请执行人的请求。

本裁定送达后即发生法律效力。

审　判　长　×××

审　判　员　×××

审　判　员　×××

××××年××月××日

（院印）

法官助理　×××

书　记　员　×××

【说明】

1. 本样式根据《中华人民共和国民事诉讼法》第一百五十七条第一款第十一项规定制定，供人民法院根据申请人申请变更申请执行人时用。

2. 权利人的变更要坚持自愿申请原则，可以由申请执行人提出申请，也可以由权利的继受人提出申请，人民法院不应当主动变更申请执行人。

【裁判依据】

《中华人民共和国民事诉讼法》（2023年修正）

第一百五十七条第一款第十一项　裁定适用于下列范围：

（十一）其他需要裁定解决的事项。

74. 执行裁定书（执行到期债权用）

××××人民法院
执行裁定书

（××××）……执……号

申请执行人：×××，……。

法定代理人/指定代理人/法定代表人/主要负责人：×××，……。

委托诉讼代理人：×××，……。

被执行人：×××，……。

第三人：×××，……。

……

（以上写明申请执行人、被执行人、第三人和其他诉讼参加人的姓名或者名称等基本信息）

本院在执行×××与×××……（写明案由）一案中，于××××年××月××日向第三人×××送达了履行到期债务通知。第三人×××在指定期限内未对到期债务提出异议，亦未主动履行。（或被执行人×××对第三人×××的到期债权为（××××）……号判决/裁定/调解书/仲裁裁决/公证债权文书所确认，第三人×××予以否认，本院不予支持。）依照《最高人民法院关于人民法院执行工作若干问题规定（试行）》第48条、第49条（或《最高人民法院关于适用〈中华人民共和国民事诉讼法〉的解释》第四百九十九条第三款）规定，裁定如下：

强制执行被执行人×××对第三人×××的到期债权……元。

本裁定立即执行。

审 判 长 ×××
审 判 员 ×××
审 判 员 ×××

××××年××月××日
（院印）
法 官 助 理 ×××
书 记 员 ×××

【说明】

1. 本样式根据《最高人民法院关于人民法院执行工作若干问题的规定（试行）》第 48 条、第 49 条，《最高人民法院关于适用〈中华人民共和国民事诉讼法〉的解释》第四百九十九条第三款规定制定，供人民法院执行被执行人对第三人的到期债权时用。

2. 第三人提出自己无履行能力或其与申请执行人无直接法律关系，不属于《最高人民法院关于人民法院执行工作若干问题的规定（试行）》第 48 条、第 49 条所指的异议。对生效法律文书确定的到期债权，该他人予以否认的，人民法院不予支持。

3. 第三人对债务部分承认、部分有异议，可以对其承认的部分强制执行。制作裁定书时，应在说明理由部分将没有异议部分的内容阐述清楚。

【裁判依据】

《最高人民法院关于适用〈中华人民共和国民事诉讼法〉的解释》（2022 年修正）

第四百九十九条第三款　对生效法律文书确定的到期债权，该他人予以否认的，人民法院不予支持。

《最高人民法院关于人民法院执行工作若干问题的规定（试行）》（2020 年修正）

第 48 条　第三人提出自己无履行能力或其与申请执行人无直接法律关系，不属于本规定所指的异议。

第三人对债务人部分承认、部分有异议的，可以对其承认的部分强制执行。

第 49 条　第三人在履行通知指定的期限内没有提出异议，而又不履行的，执行法院有权裁定对其强制执行。此裁定同时送达第三人和被执行人。

75. 执行裁定书（以担保财产赔偿损失用）

××××人民法院
执行裁定书

（××××）……执……号

申请执行人：×××，……。

法定代理人/指定代理人/法定代表人/主要负责人：×××，……。

委托诉讼代理人：×××，……。

被执行人：×××，……。

案外人：×××，……。

……

（以上写明申请执行人、被执行人、案外人和其他诉讼参加人的姓名或者名称等基本信息）

本院在执行×××与×××……（写明案由）一案中，案外人×××提出异议，并于××××年××月××日提供了担保，本院依法解除了对案外人主张权利财产的查封/扣押/冻结。（或申请执行人×××于××××年××月××日提供了财产担保，本院依法继续执行。）现因解除强制执行措施/继续执行有错误，给申请执行人/案外人×××造成损失……元。依照《最高人民法院关于适用〈中华人民共和国民事诉讼法〉执行程序若干问题的解释》第十五条第三款规定，裁定如下：

一、案外人/申请执行人×××应以担保的……（写明财产名称、数量或数额、所在地等）赔偿申请执行人/案外人×××的损失……元。

二、强制执行案外人/申请执行人×××担保的……（写明财产名称、数量或数额、所在地等）。

本裁定立即执行。

　　　　　　　　　　　　　　　审　判　长　×××
　　　　　　　　　　　　　　　审　判　员　×××
　　　　　　　　　　　　　　　审　判　员　×××

　　　　　　　　　　　　　　　××××年××月××日
　　　　　　　　　　　　　　　　　（院印）
　　　　　　　　　　　　　　　法　官　助　理　×××
　　　　　　　　　　　　　　　书　记　员　×××

【说明】

本样式根据《最高人民法院关于适用〈中华人民共和国民事诉讼法〉执行程序若干问题的解释》第十五条第三款规定制定，供人民法院在因案外人或申请执行人提供担保而解除查封、扣押或继续执行有错误，给对方造成损失，裁定以担保财产赔偿时用。

【裁判依据】

《最高人民法院关于适用〈中华人民共和国民事诉讼法〉执行程序若干问题的解释》（2020年修正）

第十五条第三款 因案外人提供担保解除查封、扣押、冻结有错误，致使该标的无法执行的，人民法院可以直接执行担保财产；申请执行人提供担保请求继续执行有错误，给对方造成损失的，应当予以赔偿。

76. 执行裁定书（暂缓执行期届满后执行担保人财产用）

××××人民法院
执行裁定书

（××××）……执……号

申请执行人：×××，……。

法定代理人/指定代理人/法定代表人/主要负责人：×××，……。

委托诉讼代理人：×××，……。

被执行人：×××，……。

担保人：×××，……。

……

（以上写明申请执行人、被执行人、担保人和其他诉讼参加人的姓名或者名称等基本信息）

本院在执行×××与×××……（写明案由）一案中，因×××提供了……（写明财产名称、数量或数额、所在地等），本院于××××年××月××日作出（××××）……号暂缓执行决定。现暂缓执行期届满，被执行人×××仍不履行生效法律文书确定的义务。依照《中华人民共和国民事诉讼法》第二百四十二条、《最高人民法院关于适用〈中华人民共和国民事诉讼法〉的解释》第四百六十九条规定，裁定如下：

执行×××的……（写明财产名称、数量或数额、所在地等）。

本裁定立即执行。

审　判　长　×××
审　判　员　×××
审　判　员　×××

××××年××月××日
（院印）
法　官　助　理　×××
书　记　员　×××

【说明】

本样式根据《中华人民共和国民事诉讼法》第二百四十二条、《最高人民法院关于适用〈中华人民共和国民事诉讼法〉的解释》第四百六十九条规定制定，供人民法院执行担保人的财产时用。

【裁判依据】

《中华人民共和国民事诉讼法》（2023年修正）

第二百四十二条　在执行中，被执行人向人民法院提供担保，并经申请执行人同意的，人民法院可以决定暂缓执行及暂缓执行的期限。被执行人逾期仍不履行的，人民法院有权执行被执行人的担保财产或者担保人的财产。

《最高人民法院关于适用〈中华人民共和国民事诉讼法〉的解释》（2022年修正）

第四百六十九条　被执行人在人民法院决定暂缓执行的期限届满后仍不履行义务的，人民法院可以直接执行担保财产，或者裁定执行担保人的财产，但执行担保人的财产以担保人应当履行义务部分的财产为限。

77. 执行裁定书（执行保证人财产用）

××××人民法院
执行裁定书

（××××）……执……号

申请执行人：×××，……。
法定代理人/指定代理人/法定代表人/主要负责人：×××，……。
委托诉讼代理人：×××，……。
被执行人：×××，……。
保证人：×××，……。
……

（以上写明申请执行人、被执行人、保证人和其他诉讼参加人的姓名或者名称等基本信息）

本院在执行×××与×××……（写明案由）一案中，被执行人×××不能履行××××人民法院（或其他生效法律文书的作出机关）（×××× ）……号民事判决（或其他生效法律文书）确定的义务。因保证人×××在案件审理期间，于××××年××月××日自愿为×××提供保证，本院/××××人民法院据此未对×××的财产采取保全措施（或解除了对×××财产采取的保全措施）。现因×××无财产履行/财产不足清偿债务，致使×××的债权无法实现。依照《最高人民法院关于人民法院执行工作若干问题的规定（试行）》第54条规定，裁定如下：

×××在保证责任范围内向×××清偿……（写明履行义务的内容）。

本裁定立即执行。

审　判　长　×××
审　判　员　×××
审　判　员　×××

××××年××月××日
（院印）
法　官　助　理　×××
书　记　员　×××

【说明】

本样式根据《最高人民法院关于人民法院执行工作若干问题的规定（试行）》第54条规定制定，供人民法院裁定执行保证人在保证责任范围内的财产时用。

【裁判依据】

《最高人民法院关于人民法院执行工作若干问题的规定（试行）》（2020年修正）

第54条 人民法院在审理案件期间，保证人为被执行人提供保证，人民法院据此未对被执行人的财产采取保全措施或解除保全措施的，案件审结后如果被执行人无财产可供执行或其财产不足清偿债务时，即使生效法律文书中未确定保证人承担责任，人民法院有权裁定执行保证人在保证责任范围内的财产。

78. 执行裁定书（变更分立、合并、注销后的法人或其他组织为被执行人用）

××××人民法院
执行裁定书

（××××）……执……号

申请执行人：×××，……。

法定代理人/指定代理人/法定代表人/主要负责人：×××，……。

委托诉讼代理人：×××，……。

被执行人：×××，……。

第三人：×××，……。

……

（以上写明申请执行人、被执行人、第三人和其他诉讼参加人的姓名或者名称等基本信息）

本院在执行×××与×××……（写明案由）一案中，因……（写明第三人因分立、合并、撤销后的法人或其他组织而继受财产的情况，应当变更其为被执行人的事实和理由）。依照《中华人民共和国民事诉讼法》第二百四十三条、《最高人民法院关于适用〈中华人民共和国民事诉讼法〉的解释》第四百七十条规定，裁定如下：

一、变更×××为本案的被执行人；

二、×××应在本裁定生效之日起××日内向×××履行……（写明履行义务的内容）。

本裁定送达后即发生法律效力。

审　判　长　×××
审　判　员　×××
审　判　员　×××

××××年××月××日
（院印）
法　官　助　理　×××
书　记　员　×××

【说明】

本样式根据《中华人民共和国民事诉讼法》第二百四十三条、《最高人民法院关于适用〈中华人民共和国民事诉讼法〉的解释》第四百七十条规定制定，供人民法院发现作为被执行人的法人或其他组织已分立或合并，其权利义务由变更后的法人或者其他组织承受的，裁定该权利义务承受人为被执行人时用。

【裁判依据】

《中华人民共和国民事诉讼法》（2023年修正）

第二百四十三条 作为被执行人的公民死亡的，以其遗产偿还债务。作为被执行人的法人或者其他组织终止的，由其权利义务承受人履行义务。

《最高人民法院关于适用〈中华人民共和国民事诉讼法〉的解释》（2022年修正）

第四百七十条 依照民事诉讼法第二百三十九条[①]规定，执行中作为被执行人的法人或者其他组织分立、合并的，人民法院可以裁定变更后的法人或者其他组织为被执行人；被注销的，如果依照有关实体法的规定有权利义务承受人的，可以裁定该权利义务承受人为被执行人。

---

① 2023年修正的民事诉讼法第二百四十三条。

79. 执行裁定书（追加对其他组织依法承担义务的法人或者公民为被执行人用）

××××人民法院
执行裁定书

（××××）……执……号

申请执行人：×××，……。
法定代理人/指定代理人/法定代表人/主要负责人：×××，……。
委托诉讼代理人：×××，……。
被执行人：×××，……。
第三人：×××，……。
……

（以上写明申请执行人、被执行人、第三人和其他诉讼参加人的姓名或者名称等基本信息）

本院在执行×××与×××……（写明案由）一案中，因……（写明其他组织不能履行有关法律文书确定的债务，×××对该其他组织依法应承担相应责任的根据，以及追加其为被执行人的事实和理由）。依照《中华人民共和国民事诉讼法》第二百四十三条、《最高人民法院关于适用〈中华人民共和国民事诉讼法〉的解释》第四百七十一条规定，裁定如下：

一、追加×××为本案被执行人；

二、×××应在本裁定生效之日起××日内向×××履行……（写明履行义务的内容）。

本裁定送达后即发生法律效力。

审　判　长　×××
审　判　员　×××
审　判　员　×××

××××年××月××日
（院印）
法　官　助　理　×××
书　记　员　×××

【说明】

本样式根据《中华人民共和国民事诉讼法》第二百四十三条、《最高人民法院关于适用〈中华人民共和国民事诉讼法〉的解释》第四百七十一条规定制定，供人民法院发现其他组织不能履行法律文书确定的义务，追加对该其他组织依法承担义务的法人或者公民为被执行人时用。

【裁判依据】

《中华人民共和国民事诉讼法》（2023年修正）

第二百四十三条 作为被执行人的公民死亡的，以其遗产偿还债务。作为被执行人的法人或者其他组织终止的，由其权利义务承受人履行义务。

《最高人民法院关于适用〈中华人民共和国民事诉讼法〉的解释》（2022年修正）

第四百七十一条 其他组织在执行中不能履行法律文书确定的义务的，人民法院可以裁定执行对该其他组织依法承担义务的法人或者公民个人的财产。

80. 执行裁定书（变更名称变更后的法人或其他组织为被执行人用）

××××人民法院
执行裁定书

（××××）……执……号

申请执行人：×××，……。

法定代理人/指定代理人/法定代表人/主要负责人：×××，……。

委托诉讼代理人：×××，……。

被执行人：×××，……。

……

（以上写明申请执行人、被执行人和其他诉讼参加人的姓名或者名称等基本信息）

本院在执行×××与×××……（写明案由）一案中，×××没有履行生效法律文书确定的义务。因……（写明作为被执行人的法人或者其他组织变更名称的事实）。依照《最高人民法院关于适用〈中华人民共和国民事诉讼法〉的解释》第四百七十二条规定，裁定如下：

一、将本案被执行人由×××（写明原名称）变更为×××（写明现名称）；

二、×××向×××履行……（写明履行义务的内容）。

本裁定送达后即发生法律效力。

审　判　长　×××
审　判　员　×××
审　判　员　×××

××××年××月××日
（院印）
法　官　助　理　×××
书　记　员　×××

【说明】

本样式根据《最高人民法院关于适用〈中华人民共和国民事诉讼法〉的解释》第四百七十二条规定制定，供人民法院在作为被执行人的法人或其他组织名称变更后，裁定变更后的法人或其他组织为被执行人时用。

【裁判依据】

《最高人民法院关于适用〈中华人民共和国民事诉讼法〉的解释》（2022年修正）

第四百七十二条　在执行中，作为被执行人的法人或者其他组织名称变更的，人民法院可以裁定变更后的法人或者其他组织为被执行人。

81. 执行裁定书（变更遗产继承人为被执行人用）

××××人民法院
执行裁定书

（××××）……执……号

申请执行人：×××，……。
法定代理人/指定代理人/法定代表人/主要负责人：×××，……。
委托诉讼代理人：×××，……。
被执行人：×××，……。
第三人：×××，……。
……
（以上写明申请执行人、被执行人、第三人和其他诉讼参加人的姓名或者名称等基本信息）

本院在执行×××与×××……（写明案由）一案中，因……（写明第三人继承财产的情况，以及变更其为被执行人的事实和理由）。依照《中华人民共和国民事诉讼法》第二百四十三条、《最高人民法院关于适用〈中华人民共和国民事诉讼法〉的解释》第四百七十三条规定，裁定如下：

一、变更×××为本案的被执行人，应在其继承的财产范围内承担责任；

二、×××向×××履行……（写明履行义务的内容）。

本裁定送达后即发生法律效力。

审　判　长　×××
审　判　员　×××

审　判　员　×××

××××年××月××日
（院印）
法　官　助　理　×××
书　记　员　×××

【说明】

1. 本样式根据《中华人民共和国民事诉讼法》第二百四十三条、《最高人民法院关于适用〈中华人民共和国民事诉讼法〉的解释》第四百七十三条规定制定，供人民法院变更继承人为被执行人时用。

2. 继承人放弃继承的，人民法院可以直接执行被执行人的遗产，不需要裁定变更主体。

【裁判依据】

《中华人民共和国民事诉讼法》（2023年修正）

第二百四十三条 作为被执行人的公民死亡的，以其遗产偿还债务。作为被执行人的法人或者其他组织终止的，由其权利义务承受人履行义务。

《最高人民法院关于适用〈中华人民共和国民事诉讼法〉的解释》（2022年修正）

第四百七十三条 作为被执行人的公民死亡，其遗产继承人没有放弃继承的，人民法院可以裁定变更被执行人，由该继承人在遗产的范围内偿还债务。继承人放弃继承的，人民法院可以直接执行被执行人的遗产。

82. 执行裁定书（追究擅自处分被查封、扣押、冻结财产的责任人赔偿责任用）

××××人民法院
执行裁定书

（××××）……执……号

申请执行人：×××，……。

法定代理人/指定代理人/法定代表人/主要负责人：×××，……。

委托诉讼代理人：×××，……。

被执行人：×××，……。

第三人：×××，……。

……

（以上写明申请执行人、被执行人、第三人和其他诉讼参加人的姓名或者名称等基本信息）

本院在执行×××与×××……（写明案由）一案中，于××××年××月××日查封/扣押/冻结了被执行人×××所有的……（写明财产名称、数量或数额、所在地等），×××擅自处分已被查封/扣押/冻结的财产。依照《最高人民法院关于人民法院执行工作若干问题的规定（试行）》第32条规定，裁定如下：

×××应于裁定生效之日起××日内赔偿×××……元。

本裁定立即执行。

审　判　长　×××

审　判　员　×××
审　判　员　×××

××××年××月××日
（院印）
法　官　助　理　×××
书　记　员　×××

【说明】

本样式根据《最高人民法院关于人民法院执行工作若干问题的规定（试行）》第32条规定制定，供人民法院发现被执行人或其他人擅自处分已被查封、扣押、冻结的财产，裁定责任人承担赔偿责任时用。

【裁判依据】

《最高人民法院关于人民法院执行工作若干问题的规定（试行）》（2020年修正）

第32条 被执行人或其他人擅自处分已被查封、扣押、冻结财产的，人民法院有权责令责任人限期追回财产或承担相应的赔偿责任。

83. 执行裁定书（追究擅自解冻冻结款项造成后果的金融机构赔偿责任用）

××××人民法院
执行裁定书

（××××）……执……号

申请执行人：×××，……。

法定代理人/指定代理人/法定代表人/主要负责人：×××，……。

委托诉讼代理人：×××，……。

被执行人：×××，……。

协助执行人：×××，……。

……

（以上写明申请执行人、被执行人、协助执行人和其他诉讼参加人的姓名或者名称等基本信息）

本院在执行×××与×××……（写明案由）一案中，于××××年××月××日以（××××）……号执行裁定冻结被执行人×××……元，并向协助执行人××××送达了（××××）……号协助冻结存款通知书。因××××擅自解冻，致使冻结的款项……元被转移。本院于××××年××月××日向××××发出（××××）……号责令追回被转移款项通知书，……（写明追款结果）。依照《最高人民法院关于人民法院执行工作若干问题的规定（试行）》第26条规定，裁定如下：

××××应在未追回的……元范围内，以自己的财产向×××承担……元的责任。

本裁定立即执行。

审　判　长　×××
审　判　员　×××
审　判　员　×××

××××年××月××日
（院印）
法 官 助 理　×××
书　记　员　×××

【说明】

1. 本样式根据《最高人民法院关于人民法院执行工作若干问题的规定（试行）》第 26 条规定制定，供人民法院追究擅自解冻冻结款项金融机构的赔偿责任时用。

2. 制作上述裁定前，必须先向该金融机构发出责令追回被转移款项通知书，逾期未能追回的，才作出该裁定。

3. 裁定金融机构在转移的款项范围内以自己的财产承担责任，指的是在限期内未能追回部分而不是转移的全部款项。

【裁判依据】

《最高人民法院关于人民法院执行工作若干问题的规定（试行）》（2020 年修正）

第 26 条　金融机构擅自解冻被人民法院冻结的款项，致冻结款项被转移的，人民法院有权责令其限期追回已转移的款项。在限期内未能追回的，应当裁定该金融机构在转移的款项范围内以自己的财产向申请执行人承担责任。

84. 执行裁定书（追究擅自支付收入的有关单位赔偿责任用）

××××人民法院
执行裁定书

（××××）……执……号

申请执行人：×××，……。
法定代理人/指定代理人/法定代表人/主要负责人：×××，……。
委托诉讼代理人：×××，……。
被执行人：×××，……。
协助执行人：×××，……。
……

（以上写明申请执行人、被执行人、协助执行人和其他诉讼参加人的姓名或者名称等基本信息）

本院在执行×××与×××……（写明案由）一案中，于××××年××月××日向协助执行人××××送达了（××××）……号协助执行通知书，要求××××协助执行×××收入……元。××××年××月××日，××××擅自向×××支付……元。本院于××××年××月××日向××××发出（××××）……号责令追回擅自支付款项通知书，责令其于××××年××月××日前追回擅自支付的款项，……（写明追款结果）。依照《最高人民法院关于人民法院执行工作若干问题的规定（试行）》第30条规定，裁定如下：

××××在擅自支付而未能追回的……元范围内，向×××承担……元的责任。

本裁定立即执行。

审　判　长　×××
审　判　员　×××
审　判　员　×××

××××年××月××日
（院印）
法 官 助 理　×××
书　记　员　×××

【说明】

1. 本样式根据《最高人民法院关于人民法院执行工作若干问题的规定（试行）》第 30 条规定制定，供人民法院确定擅自支付被执行人收入的协助执行义务人向申请执行人承担责任时用。

2. 制作上述裁定前，必须先向该单位发出责令追回擅自支付款项通知书，逾期未能追回的，才作出该裁定。

【裁判依据】

《最高人民法院关于人民法院执行工作若干问题的规定（试行）》（2020 年修正）

第 30 条 有关单位收到人民法院协助执行被执行人收入的通知后，擅自向被执行人或其他人支付的，人民法院有权责令其限期追回；逾期未追回的，应当裁定其在支付的数额内向申请执行人承担责任。

85. 执行裁定书（追究擅自支付股息或办理股权转移手续的有关企业赔偿责任用）

××××人民法院
执行裁定书

（××××）……执……号

申请执行人：×××，……。
法定代理人/指定代理人/法定代表人/主要负责人：×××，……。
委托诉讼代理人：×××，……。
被执行人：×××，……。
协助执行人：×××，……。
……

（以上写明申请执行人、被执行人、协助执行人和其他诉讼参加人的姓名或者名称等基本信息）

本院在执行×××与×××……（写明案由）一案中，于××××年××月××日向协助执行人××××发出（××××）……号协助执行通知书，要求……（写明协助执行的事项）。××××……（写明拒不履行协助义务的事实），造成被执行财产无法追回的后果。依照《最高人民法院关于人民法院执行工作若干问题的规定（试行）》第40条规定，裁定如下：

××××在未追回股息/红利/股权……价值范围内向×××承担责任。

本裁定立即执行。

审 判 长 ×××
审 判 员 ×××
审 判 员 ×××

××××年××月××日
(院印)
法 官 助 理 ×××
书 记 员 ×××

【说明】

本样式根据《最高人民法院关于人民法院执行工作若干问题的规定（试行）》第 40 条规定制定，供人民法院确定有关企业在未追回的股息或红利或转移的股权价值范围内向申请执行人承担责任时用。

【裁判依据】

《最高人民法院关于人民法院执行工作若干问题的规定（试行）》（2020 年修正）

第 40 条 有关企业收到人民法院发出的协助冻结通知后，擅自向被执行人支付股息或红利，或擅自为被执行人办理已冻结股权的转移手续，造成已转移的财产无法追回的，应当在所支付的股息或红利或转移的股权价值范围内向申请执行人承担责任。

九、执行协调与执行监督

86. 报告（报请协调处理执行争议用）

××××人民法院
关于报请协调处理××执行争议案的报告

（××××）……执协……号

××××人民法院：

我院执行的×××与×××……（写明案由）一案，与××××人民法院执行的×××与×××……（写明案由）一案，因……发生执行争议，双方经协商未达成一致意见。现将该案全部案卷材料报送你院，请予协调处理。

一、争议各方执行案件的基本情况

……

二、执行争议的焦点问题

……

三、报请协调的意见

……

附：案卷×宗

　　　　　　　　　　　　　　　××××年××月××日
　　　　　　　　　　　　　　　　　　（院印）

联 系 人：×××　　　　联系电话：……
本院地址：……　　　　邮　　编：……

【说明】

本样式根据《最高人民法院关于人民法院执行工作若干问题的规定（试行）》第67条规定制定，供人民法院之间因执行争议，逐级报请共同的上级人民法院协调处理时用。

【裁判依据】

《最高人民法院关于人民法院执行工作若干问题的规定（试行）》（2020年修正）

第67条 两个或两个以上人民法院在执行相关案件中发生争议的，应当协商解决。协商不成的，逐级报请上级法院，直至报请共同的上级法院协调处理。

执行争议经高级人民法院协商不成的，由有关的高级人民法院书面报请最高人民法院协调处理。

87. 执行决定书（上级法院依报请协调执行争议用）

××××人民法院
执行决定书

（××××）……执协……号

××××人民法院、××××人民法院：

　　××××人民法院执行的×××与×××……（写明案由、案号）一案，与××××人民法院执行的×××与×××……（写明案由、案号）一案，因……发生执行争议，××××人民法院报请本院协调。

　　本院经审查认为，……（写明协调处理的具体理由）。依照《最高人民法院关于人民法院执行工作若干问题的规定（试行）》第 70 条规定，决定如下：……（写明协调处理结果）。

　　本决定立即执行。

××××年××月××日

（院印）

【说明】

本样式根据《最高人民法院关于人民法院执行工作若干问题的规定（试行）》第 70 条规定制定，供上级人民法院在协调下级人民法院之间的执行争议，作出处理决定时用。

【裁判依据】

《最高人民法院关于人民法院执行工作若干问题的规定（试行）》（2020 年修正）

第 70 条　上级法院协调下级法院之间的执行争议所作出的处理决定，有关法院必须执行。

88. 协调划款决定书（上级法院处理执行争议案件用）

××××人民法院
协调划款决定书

（××××）……执协……号

××××人民法院：

　　本院正在协调处理的……（写明争议法院名称）执行争议一案，……（写明划款的事实和理由）。依照《最高人民法院关于人民法院执行工作若干问题的规定（试行）》第69条规定，决定将你院执行该案的款项……元划到本院指定账户。

　　开户银行：××××
　　账户名称：××××
　　账　　号：……

××××年××月××日
（院印）

【说明】

本样式根据《最高人民法院关于人民法院执行工作若干问题的规定（试行）》第 69 条规定制定，供上级人民法院在协调下级人民法院之间的执行争议时，将案款划至上级人民法院账户时用。

【裁判依据】

《最高人民法院关于人民法院执行工作若干问题的规定（试行）》（2020 年修正）

第 69 条　上级法院协调处理有关执行争议案件，认为必要时，可以决定将有关款项划到本院指定的账户。

89. 执行裁定书（当事人、利害关系人异议用）

××××人民法院
执行裁定书

（××××）……执异……号

异议人（申请执行人/被执行人/利害关系人）：×××，……。

法定代理人/指定代理人/法定代表人/主要负责人：×××，……。

委托诉讼代理人：×××，……。

申请执行人/被执行人：×××，……。

……

（以上写明异议人、申请执行人、被执行人和其他诉讼参加人的姓名或者名称等基本信息）

在本院执行×××与×××……（写明案由）一案中，异议人×××对……（写明人民法院执行行为）不服，向本院提出书面异议。本院受理后，依法组成合议庭进行审查，[（举行听证的，写明：）并于×××年××月××日举行了听证。×××（当事人、利害关系人或委托诉讼代理人）参加了听证，并提交了书面意见。]现已审查终结。

×××称，……（写明提出异议的请求、事实和理由）。

×××称，……（写明其他当事人的意见）。

本院查明，……（写明查明的事实）。

本院认为，……（写明争议焦点，根据认定的案件事实和相关法律，对异议请求进行分析评判，说明理由）。依照《中华人民共和国民事诉讼法》第二百三十六条、《最高人民法院关于人民法院办理执行异议和复议案件若干问题的规定》第十七条第×项规定，裁定如下：

（驳回异议请求的，写明：）驳回×××的异议请求。

（撤销或者变更执行行为的，写明：）撤销/变更××××人民法院作出的（××××）……号……（写明生效法律文书），……（写明撤销或变更内容）。

如不服本裁定，可以自本裁定书送达之日起十日内，向××××人民法院申请复议。

审　判　长　×××
审　判　员　×××
审　判　员　×××

××××年××月××日
（院印）
法　官　助　理　×××
书　记　员　×××

【说明】

1. 本样式根据《中华人民共和国民事诉讼法》第二百三十六条、《最高人民法院关于人民法院办理执行异议和复议案件若干问题的规定》第十七条规定制定，供人民法院对当事人、利害关系人提出的异议审查时用。

2. 本样式中的"当事人"是指，申请执行人和被执行人，以及在执行过程中被人民法院依法变更、追加为当事人的公民、法人或其他组织。"利害关系人"，是指当事人以外，与强制执行行为有法律上的利害关系的公民、法人或其他组织。"异议人"可以是当事人，也可以是利害关系人。

本样式中，列明"异议人"，其他当事人和利害关系人不列为"被异议人"，仍列为申请执行人、被执行人或利害关系人。在"异议人"后的括号内注明其原当事人或利害关系人的身份，例如，"异议人（利害关系人）"，并不再重复列明括号内的利害关系人。

3. 对异议人提出的异议，应当依法组成合议庭审查。案情复杂、争议较大的案件，应当根据《最高人民法院关于人民法院办理执行异议和复议案件若干问题的规定》第十二条规定进行听证。

【裁判依据】

《中华人民共和国民事诉讼法》（2023年修正）

第二百三十六条　当事人、利害关系人认为执行行为违反法律规定的，可以向负责执行的人民法院提出书面异议。当事人、利害关系人提出书面异议的，人民法院应当自收到书面异议之日起十五日内审查，理由成立的，裁定撤销或者改正；理由不成立的，裁定驳回。当事人、利害关系人对裁定不服的，可以自裁定送达之日起十日内向上一级人民法院申请复议。

《最高人民法院关于人民法院办理执行异议和复议案件若干问题的规定》（2020年修正）

第十二条　人民法院对执行异议和复议案件实行书面审查。案情复杂、争议较大的，应当进行听证。

第十七条　人民法院对执行行为异议，应当按照下列情形，分别处理：

（一）异议不成立的，裁定驳回异议；

（二）异议不成立的，裁定撤销相关执行行为；

（三）异议部分成立的，裁定变更相关执行行为；

（四）异议成立或者部分成立，但执行行为无撤销、变更内容的，裁定异议成立或者相应部分异议成立。

90. 执行裁定书（案外人异议用）

××××人民法院
执行裁定书

（××××）……执异……号

案外人：×××，……。
法定代理人/指定代理人/法定代表人/主要负责人：×××，……。
委托诉讼代理人：×××，……。
申请执行人：×××，……。
被执行人：×××，……。
……
（以上写明案外人、申请执行人、被执行人和其他诉讼参加人的姓名或者名称等基本信息）

在本院执行×××与×××……（写明案由）一案中，案外人×××于××××年××月××日对执行……（写明执行标的）提出书面异议。本院受理后，依法组成合议庭进行了审查，现已审查终结。

案外人×××称，……（写明提出异议的请求、事实和理由）。

×××称，……（写明申请执行人的意见）。

×××称，……（写明被执行人的意见）。

本院查明，……（写明查明的事实）。

本院认为，……（写明争议焦点，根据认定的案件事实和相关法律，对异议请求进行分析评判，说明理由）。依照《中华人民共和国民事诉讼法》第二百三十八条、《最高人民法院关于适用〈中华人民共和国民事诉讼法〉执行程序若干问题的解释》第十四条、《最高人民法院关于人民法院办理执行异议和复议案件若干问题的规定》第×条规定，裁定如下：

（支持异议请求的，写明：）中止对……（写明执行标的）的执行。

（驳回异议请求的，写明：）驳回×××的异议请求。

案外人、当事人对裁定不服，认为原判决、裁定错误的，应当依照审判监督程序办理；与原判决、裁定无关的，可以自本裁定送达之日起十五日内向人民法院提起诉讼。

审　判　长　×××

审　判　员　×××

审　判　员　×××

××××年××月××日

（院印）

法　官　助　理　×××

书　记　员　×××

【说明】

本样式根据《中华人民共和国民事诉讼法》第二百三十八条、《最高人民法院关于适用〈中华人民共和国民事诉讼法〉执行程序若干问题的解释》第十三条规定制定，供人民法院对案外人提出的异议审查时用。

【裁判依据】

《中华人民共和国民事诉讼法》（2023年修正）

第二百三十八条　执行过程中，案外人对执行标的提出书面异议的，人民法院应当自收到书面异议之日起十五日内审查，理由成立的，裁定中止对该标的的执行；理由不成立的，裁定驳回。案外人、当事人对裁定不服，认为原判决、裁定错误的，依照审判监督程序办理；与原判决、裁定无关的，可以自裁定送达之日起十五日内向人民法院提起诉讼。

《最高人民法院关于适用〈中华人民共和国民事诉讼法〉执行程序若干问题的解释》（2020年修正）

第十四条　案外人对执行标的主张所有权或者有其他足以阻止执行标的转让、交付的实体权利的，可以依照民事诉讼法第二百二十七条[①]的规定，向执行法院提出异议。

---

① 2023年修正的民事诉讼法第二百三十八条。

91. 执行裁定书（执行复议用）

××××人民法院
执行裁定书

（××××）……执复……号

复议申请人（申请执行人/被执行人/利害关系人）：×××，……。
法定代理人/指定代理人/法定代表人/主要负责人：×××，……。
委托诉讼代理人：×××，……。
申请执行人/被执行人/利害关系人：×××，……。
……

（以上写明复议申请人、申请执行人、被执行人、利害关系人和其他诉讼参加人的姓名或者名称等基本信息）

复议申请人×××不服××××人民法院（××××）……执异……号裁定，向本院申请复议，本院受理后，依法组成合议庭进行审查，[（举行听证的，写明：）并于××××年××月××日举行了听证，×××（当事人、利害关系人或委托代理人）参加了听证，并提交了书面意见。] 现已审查终结。

……（简要写明执行过程）。

××××人民法院查明，……（写明审查异议法院查明的事实）。

××××人民法院认为，……（写明审查异议法院的理由）。

×××向本院申请复议称，……（写明申请复议的请求、事实和理由）。

×××称，……（写明其他当事人或利害关系人的意见）。

本院查明，……（写明查明的事实）。

本院认为，……（写明争议焦点，根据认定的案件事实和相关法律，对

复议请求进行分析评判，说明理由）。依照《中华人民共和国民事诉讼法》第二百三十六条、《最高人民法院关于人民法院办理执行异议和复议案件若干问题的规定》第二十三条第一款第×项规定，裁定如下：

（异议裁定认定事实清楚，适用法律正确，结果应予维持的，写明：）驳回×××复议申请，维持××××人民法院（××××）……执异……号异议裁定。

（异议裁定认定事实错误，或者适用法律错误，结果应予纠正的，写明：）撤销/变更××××人民法院（××××）……执异……号异议裁定。（如执行行为可变更、撤销的，还应另起一行写明：）撤销/变更……（异议裁定所维持的执行行为）。

（异议裁定认定基本事实不清、证据不足的，写明：）一、撤销××××人民法院（××××）……执异……号异议裁定；二、发回××××人民法院重新审查/查清事实后作出相应裁定。

（异议裁定遗漏异议请求或者存在其他严重违反法定程序的情形，写明：）一、撤销××××人民法院（××××）……执异……号异议裁定；二、发回××××人民法院重新审查。

（异议裁定对应当适用《中华人民共和国民事诉讼法》第二百三十八条规定审查处理的异议，错误适用《中华人民共和国民事诉讼法》第二百三十六条规定审查处理的，写明：）一、撤销××××人民法院（××××）……执异……号异议裁定；二、发回××××人民法院重新作出裁定。

本裁定为终审裁定。

审　判　长　×××
审　判　员　×××
审　判　员　×××

××××年××月××日
（院印）
法 官 助 理　×××
书　记　员　×××

【说明】

1. 本样式根据《中华人民共和国民事诉讼法》第二百三十六条、《最高人民法院关于人民法院办理执行异议和复议案件若干问题的规定》第二十三条规定制定，供人民法院审查当事人复议申请时用。

2. 本样式中，列明"复议申请人"，其他当事人和利害关系人不列为"被复议人"，仍列为申请执行人、被执行人或利害关系人。在"复议申请人"后的括号内注明其原当事人或利害关系人的身份，例如，"复议申请人（利害关系人）"。

3. 依据《最高人民法院关于人民法院办理执行异议和复议案件若干问题的规定》第二十三条第二款规定，除根据该条第一款第三项、第四项、第五项发回重新审查或者重新作出裁定的情形外，裁定撤销或者变更异议裁定且执行行为可撤销、变更的，应当同时撤销或者变更该裁定维持的执行行为。

4. 对发回重新审查的案件作出裁定后，当事人、利害关系人再次申请复议的，上一级人民法院复议后不得再次发回重新审查。

【裁判依据】

《中华人民共和国民事诉讼法》（2023年修正）

第二百三十六条 当事人、利害关系人认为执行行为违反法律规定的，可以向负责执行的人民法院提出书面异议。当事人、利害关系人提出书面异议的，人民法院应当自收到书面异议之日起十五日内审查，理由成立的，裁定撤销或者改正；理由不成立的，裁定驳回。当事人、利害关系人对裁定不服，可以自裁定送达之日起十日内向上一级人民法院申请复议。

《最高人民法院关于人民法院办理执行异议和复议案件若干问题的规定》（2020年修正）

第二十三条 上一级人民法院对不服异议裁定的复议申请审查后，应当按照下列情形，分别处理：

（一）异议裁定认定事实清楚，适用法律正确，结果应予维持的，裁定驳回复议申请，维持异议裁定；

（二）异议裁定认定事实错误，或者适用法律错误，结果应予纠正的，裁定撤销或者变更异议裁定；

（三）异议裁定认定基本事实不清、证据不足的，裁定撤销异议裁定，发回作出裁定的人民法院重新审查，或者查清事实后作出相应裁定；

（四）异议裁定遗漏异议请求或者存在其他严重违反法定程序的情形，裁定撤销异议裁定，发回作出裁定的人民法院重新审查；

（五）异议裁定对应当适用民事诉讼法第二百二十七条①规定审查处理的异议，错误适用民事诉讼法第二百二十五条②规定审查处理的，裁定撤销异议裁定，发回作出裁定的人民法院重新作出裁定。

除依照本条第一款第三、四、五项发回重新审查或者重新作出裁定的情形外，裁定撤销或者变更异议裁定且执行行为可撤销、变更的，应当同时撤销或者变更该裁定维持的执行行为。

人民法院对发回重新审查的案件作出裁定后，当事人、利害关系人申请复议的，上一级人民法院复议后不得再次发回重新审查。

---

① 2023年修正的民事诉讼法第二百三十八条。
② 2023年修正的民事诉讼法第二百三十六条。

92. 督促执行令（上级法院督促下级法院执行用）

××××人民法院
督促执行令

（××××）……执……号

××××人民法院：

你院立案执行的×××与×××……（写明案由、案号）一案，……（写明案件无正当理由长期未执行/应当作出裁定、决定、通知而不制作/应当依法实施具体执行行为而不实施/需要督促执行的其他情形）。依照《中华人民共和国民事诉讼法》第二百三十七条、《最高人民法院关于人民法院执行工作若干问题的规定（试行）》第74条第1款规定，责令你院在收到本督促执行令之日起依法及时执行该案，于××××年××月××日前执结（作出裁定、决定、通知/依法实施具体执行行为等），并将执行结果书面报告本院。

此令。

××××年××月××日
（院印）

【说明】

本样式根据《中华人民共和国民事诉讼法》第二百三十七条、《最高人民法院关于人民法院执行工作若干问题的规定（试行）》第 74 条第 1 款规定制定，供上级人民法院向下级人民法院作出督促执行命令时用。

【裁判依据】

《中华人民共和国民事诉讼法》（2023 年修正）

第二百三十七条　人民法院自收到申请执行书之日起超过六个月未执行的，申请执行人可以向上一级人民法院申请执行。上一级人民法院经审查，可以责令原人民法院在一定期限内执行，也可以决定由本院执行或者指令其他人民法院执行。

《最高人民法院关于人民法院执行工作若干问题的规定（试行）》（2020 年修正）

第 74 条第 1 款　上级法院发现下级法院的执行案件（包括受委托执行的案件）在规定的期限内未能执行结案的，应当作出裁定、决定、通知而不制作的，或应当依法实施具体执行行为而不实施的，应当督促下级法院限期执行，及时作出有关裁定等法律文书，或采取相应措施。

93. 暂缓执行通知书（上级法院通知下级法院用）

××××人民法院
暂缓执行通知书

（××××）……执……号

××××人民法院：

你院正在执行的×××与×××……（写明案由）一案，在执行中作出的（××××）……号执行裁定/决定/通知错误，……（写明事实和理由）。依照《最高人民法院关于人民法院执行工作若干问题的规定（试行）》第72条第1款、第77条规定，通知如下：

暂缓执行你院正在执行的……（写明具体执行行为），期限自××××年××月××日起至××××年××月××日止。

期满后本院未通知继续暂缓执行的，你院可恢复执行。

××××年××月××日
（院印）

【说明】

本样式根据《最高人民法院关于人民法院执行工作若干问题的规定(试行)》第72条第1款、第77条规定制定,供上级人民法院认为具体执行行为不当或有错误的,指令下级人民法院暂缓执行时用。

【裁判依据】

《最高人民法院关于人民法院执行工作若干问题的规定(试行)》(2020年修正)

第72条第1款 上级法院发现下级法院在执行中作出的裁定、决定、通知或具体执行行为不当或有错误的,应当及时指令下级法院纠正,并可以通知有关法院暂缓执行。

第77条 上级法院通知暂缓执行的,应同时指定暂缓执行的期限。暂缓执行的期限一般不得超过三个月。有特殊情况需要延长的,应报经院长批准,并及时通知下级法院。

暂缓执行的原因消除后,应当及时通知执行法院恢复执行。期满后上级法院未通知继续暂缓执行的,执行法院可以恢复执行。

94. 执行决定书（本院决定暂缓执行用）

××××人民法院
暂缓执行决定书

（××××）……执……号

申请执行人：×××，……。
法定代理人/指定代理人/法定代表人/主要负责人：×××，……。
委托诉讼代理人：×××，……。
被执行人：×××，……。
担保人：×××，……。
……
（以上写明申请执行人、被执行人、担保人和其他诉讼参加人的姓名或者名称等基本信息）

本院在执行×××与×××……（写明案由）一案中，担保人×××为被执行人×××以……（写明财产名称、数量或数额、所在地、期限等）提供担保，该担保已经申请执行人×××同意。依照《中华人民共和国民事诉讼法》第二百四十二条、《最高人民法院关于适用〈中华人民共和国民事诉讼法〉的解释》第四百六十七条规定，决定如下：

暂缓执行×××与×××……（写明案由）一案（或具体执行行为），暂缓执行至××××年××月××日。

被执行人在暂缓期满后仍不履行的，或者被执行人、担保人对担保的财产在暂缓执行期间有转移、隐藏、变卖、毁损等行为的，本院将依法执行担保财产。

××××年××月××日
（院印）

【说明】

1. 本样式根据《中华人民共和国民事诉讼法》第二百四十二条、《最高人民法院关于适用〈中华人民共和国民事诉讼法〉的解释》第四百六十七条规定制定，供人民法院在当事人提供执行担保后，决定暂缓执行时用。

2. 决定暂缓执行的，如果担保是有期限的，暂缓执行的期限应当与担保期限一致，但最长不得超过一年。

【裁判依据】

《中华人民共和国民事诉讼法》（2023年修正）

第二百四十二条　在执行中，被执行人向人民法院提供担保，并经申请执行人同意的，人民法院可以决定暂缓执行及暂缓执行的期限。被执行人逾期仍不履行的，人民法院有权执行被执行人的担保财产或者担保人的财产。

《最高人民法院关于适用〈中华人民共和国民事诉讼法〉的解释》（2022年修正）

第四百六十七条　人民法院依照民事诉讼法第二百三十八条[①]规定决定暂缓执行的，如果担保是有期限的，暂缓执行的期限应当与担保期限一致，但最长不得超过一年。被执行人或者担保人对担保的财产在暂缓执行期间有转移、隐藏、变卖、毁损等行为的，人民法院可以恢复强制执行。

[①] 2023年修正的民事诉讼法第二百四十二条。

95. 暂缓执行通知书（上级法院通知下级法院延长期限用）

××××人民法院
继续暂缓执行通知书

（××××）……执……号

××××人民法院：

　　本院于××××年××月××日对×××与×××……（写明案由）一案作出的（××××）……号暂缓执行通知，于××××年××月××日期满。由于……（写明需要延长暂缓执行期限特殊情况的事实和理由）。依照《最高人民法院关于人民法院执行工作若干问题的规定（试行）》第77条第1款规定，通知如下：

　　你院对×××与×××……（写明案由）一案（或者具体执行行为），继续暂缓执行至××××年××月××日。

　　特此通知。

××××年××月××日

（院印）

【说明】

本样式根据《最高人民法院关于人民法院执行工作若干问题的规定（试行）》第 77 条第 1 款规定制定，供上级人民法院通知下级人民法院继续暂缓执行时用。

【裁判依据】

《最高人民法院关于人民法院执行工作若干问题的规定（试行）》（2020年修正）

第 77 条第 1 款 上级法院通知暂缓执行的，应同时指定暂缓执行的期限。暂缓执行的期限一般不得超过三个月。有特殊情况需要延长的，应报经院长批准，并及时通知下级法院。

96. 恢复执行通知书（上级法院通知下级法院用）

××××人民法院
恢复执行通知书

（××××）……执……号

××××人民法院：

你院执行的×××与×××……（写明案由）一案，本院已于××××年××月××日作出（××××）……号暂缓执行通知书。现因……（写明恢复执行的事实和理由），本院认为暂缓执行的原因已经消除，应当恢复执行。依照《最高人民法院关于人民法院执行工作若干问题的规定（试行）》第77条第2款规定，特通知你院对本案恢复执行。

特此通知。

××××年××月××日
（院印）

【说明】

本样式根据《最高人民法院关于人民法院执行工作若干问题的规定（试行）》第77条第2款规定制定，供人民法院在暂缓执行的原因消除后，通知下级执行法院恢复执行时用。

【裁判依据】

《最高人民法院关于人民法院执行工作若干问题的规定（试行）》（2020年修正）

第77条第2款 暂缓执行的原因消除后，应当及时通知执行法院恢复执行。期满后上级法院未通知继续暂缓执行的，执行法院可以恢复执行。

97. 执行裁定书（上级法院直接裁定不予执行非诉法律文书用）

××××人民法院
执行裁定书

（××××）……执监……号

申诉人（被执行人）：×××，……。
法定代理人/指定代理人/法定代表人/主要负责人：×××，……。
委托诉讼代理人：×××，……。
申请执行人：×××，……。
……
（以上写明申诉人、申请执行人和其他诉讼参加人的姓名或者名称等基本信息）

××××人民法院执行×××与×××……（写明案由）一案，×××提出书面申请，请求不予执行××××仲裁委员会/公证处作出的（××××）……号仲裁裁决/公证债权文书，××××人民法院不予受理审查/逾期不予受理。×××于××××年××月××日向本院提出申诉。本院依法组成合议庭进行审查，现已审查终结。

×××称，……（写明不予执行仲裁裁决或公证债权文书的事实和理由）。

×××辩称，……（写明答辩意见）。

本院查明，……（写明查明的事实）。

本院认为，……（写明争议焦点，根据认定的案件事实和相关法律，对

申诉请求进行分析评判,说明理由)。依照《中华人民共和国民事诉讼法》第二百四十八条第二款第×项/第三款、《最高人民法院关于人民法院执行工作若干问题的规定(试行)》第 73 条规定,裁定如下:

不予执行××××仲裁委员会(××××)……号裁决。

〔或:不予执行××××仲裁委员会(××××)……号裁决的××事项。〕

〔或:不予执行××××公证机构(××××)……号公证债权文书。〕

审 判 长 ×××
审 判 员 ×××
审 判 员 ×××

××××年××月××日
(院印)
法 官 助 理 ×××
书 记 员 ×××

【说明】

1. 本样式根据《中华人民共和国民事诉讼法》第二百四十八条、《最高人民法院关于人民法院执行工作若干问题的规定（试行）》第 73 条规定制定，供上级人民法院监督下级人民法院，裁定不予执行仲裁裁决或公证债权文书时用。

2. 上级人民法院在作出裁定前，应当先函示下级人民法院仲裁裁决或公证债权文书有不予执行事由，应当裁定不予执行；只有当下级人民法院不作出裁定时，方可启动监督程序，依法裁定。

【裁判依据】

《中华人民共和国民事诉讼法》（2023 年修正）

第二百四十八条　对依法设立的仲裁机构的裁决，一方当事人不履行的，对方当事人可以向有管辖权的人民法院申请执行。受申请的人民法院应当执行。

被申请人提出证据证明仲裁裁决有下列情形之一的，经人民法院组成合议庭审查核实，裁定不予执行：

（一）当事人在合同中没有订有仲裁条款或者事后没有达成书面仲裁协议的；

（二）裁决的事项不属于仲裁协议的范围或者仲裁机构无权仲裁的；

（三）仲裁庭的组成或者仲裁的程序违反法定程序的；

（四）裁决所根据的证据是伪造的；

（五）对方当事人向仲裁机构隐瞒了足以影响公正裁决的证据的；

（六）仲裁员在仲裁该案时有贪污受贿，徇私舞弊，枉法裁决行为的。

人民法院认定执行该裁决违背社会公共利益的，裁定不予执行。

裁定书应当送达双方当事人和仲裁机构。

仲裁裁决被人民法院裁定不予执行的，当事人可以根据双方达成的书面仲裁协议重新申请仲裁，也可以向人民法院起诉。

《最高人民法院关于人民法院执行工作若干问题的规定（试行）》（2020年修正）

第73条 上级法院发现下级法院执行的非诉讼生效法律文书有不予执行事由，应当依法作出不予执行裁定而不制作的，可以责令下级法院在指定时限内作出裁定，必要时可直接裁定不予执行。

98. 执行裁定书（执行监督案件驳回当事人申诉请求用）

××××人民法院
执行裁定书

（××××）……执监……号

申诉人（申请执行人/被执行人/利害关系人）：×××，……。

法定代理人/指定代理人/法定代表人/主要负责人：×××，……。

委托诉讼代理人：×××，……。

申请执行人/被执行人/利害关系人：×××，……。

……

（以上写明申诉人、申请执行人、被执行人、利害关系人和其他诉讼参加人的姓名或者名称等基本信息）

申诉人×××不服××××人民法院（××××）……号裁定（或其他法律文书），向本院申诉。本院受理后，依法组成合议庭进行审查，［（举行听证的，写明：）并于××××年××月××日举行了听证，申诉人×××、申请执行人/被执行人/利害关系人×××（写明当事人、利害关系人或委托诉讼代理人）参加了听证。］本案现已审查终结。

……（写明本案申诉之前的执行情况）

×××称，……（写明申诉请求和理由）。

×××称，……（写明意见）。

本院查明，……（写明查明的事实）。

本院认为，……（写明争议焦点，根据认定的案件事实和相关法律，对

申诉请求进行分析评判，说明理由）。

综上所述，××××人民法院（××××）……号裁定（或其他法律文书）认定事实清楚，适用法律正确，本院予以维持。×××的申诉请求不能成立，本院不予支持。参照《中华人民共和国民事诉讼法》第二百一十五条，依照《最高人民法院关于人民法院执行工作若干问题的规定（试行）》第71条规定，裁定如下：

驳回×××的申诉请求。

审　判　长　×××
审　判　员　×××
审　判　员　×××

××××年××月××日
（院印）
法 官 助 理　×××
书　记　员　×××

【说明】

本样式参照《中华人民共和国民事诉讼法》第二百一十五条、根据《最高人民法院关于人民法院执行工作若干问题的规定（试行）》第 71 条规定制定，供人民法院在执行监督程序中驳回当事人申诉请求时用。

【裁判依据】

《中华人民共和国民事诉讼法》（2023 年修正）

第二百一十五条　人民法院应当自收到再审申请书之日起三个月内审查，符合本法规定的，裁定再审；不符合本法规定的，裁定驳回申请。有特殊情况需要延长的，由本院院长批准。

因当事人申请裁定再审的案件由中级人民法院以上的人民法院审理，但当事人依照本法第二百一十条的规定选择向基层人民法院申请再审的除外。最高人民法院、高级人民法院裁定再审的案件，由本院再审或者交其他人民法院再审，也可以交原审人民法院再审。

《最高人民法院关于人民法院执行工作若干问题的规定（试行）》（2020 年修正）

第 71 条　上级人民法院依法监督下级人民法院的执行工作。最高人民法院依法监督地方各级人民法院和专门法院的执行工作。

99. 执行裁定书（执行监督案件指令下级法院重新审查处理用）

××××人民法院
执行裁定书

（××××）……执监……号

申诉人（申请执行人/被执行人/利害关系人）：×××，……。

法定代理人/指定代理人/法定代表人/主要负责人：×××，……。

委托诉讼代理人：×××，……。

申请执行人/被执行人/利害关系人：×××，……。

……

（以上写明申诉人、申请执行人、被执行人、利害关系人和其他诉讼参加人的姓名或者名称等基本信息）

申诉人×××不服××××人民法院（××××）……号裁定（或其他法律文书），向本院申诉。本院受理后，依法组成合议庭进行审查，[（举行听证的，写明：）并于××××年××月××日举行了听证，申诉人×××、申请执行人/被执行人/利害关系人×××（写明当事人、利害关系人或委托诉讼代理人）参加了听证。]本案现已审查终结。

……（写明本案申诉之前的执行情况）

×××称，……（写明申诉请求和理由）。

×××称，……（写明意见）。

本院查明，……（写明查明的事实）。

本院认为，……（写明争议焦点，根据认定的案件事实和相关法律，对

申诉请求进行分析评判，说明理由）。

  综上所述，……（对申诉人的请求是否成立进行总结评述）。××××人民法院（××××）……号裁定（或其他法律文书）认定事实不清，应予撤销。参照《中华人民共和国民事诉讼法》第二百一十五条，依照《最高人民法院关于人民法院执行工作若干问题的规定（试行）》第 71 条规定，裁定如下：

  一、撤销××××人民法院（××××）……号裁定（或其他法律文书）；

  二、本案由××××人民法院重新审查处理。

审 判 长 ×××
审 判 员 ×××
审 判 员 ×××

××××年××月××日
（院印）
法 官 助 理 ×××
书 记 员 ×××

【说明】

本样式参照《中华人民共和国民事诉讼法》第二百一十五条、根据《最高人民法院关于人民法院执行工作若干问题的规定（试行）》第71条规定制定，供人民法院对执行案件进行监督，指令下级人民法院重新审查时用。

【裁判依据】

《中华人民共和国民事诉讼法》（2023年修正）

第二百一十五条 人民法院应当自收到再审申请书之日起三个月内审查，符合本法规定的，裁定再审；不符合本法规定的，裁定驳回申请。有特殊情况需要延长的，由本院院长批准。

因当事人申请裁定再审的案件由中级人民法院以上的人民法院审理，但当事人依照本法第二百一十条的规定选择向基层人民法院申请再审的除外。最高人民法院、高级人民法院裁定再审的案件，由本院再审或者交其他人民法院再审，也可以交原审人民法院再审。

《最高人民法院关于人民法院执行工作若干问题的规定（试行）》（2020年修正）

第71条 上级人民法院依法监督下级人民法院的执行工作。最高人民法院依法监督地方各级人民法院和专门法院的执行工作。

100. 执行裁定书（执行回转用）

××××人民法院
执行裁定书

（××××）……执……号

申请执行人：×××，……。

法定代理人/指定代理人/法定代表人/主要负责人：×××，……。

委托诉讼代理人：×××，……。

被执行人：×××，……。

……

（以上写明申请执行人、被执行人和其他诉讼参加人的姓名或者名称等基本信息）

本院执行的×××与×××……（写明案由）一案，因据以执行的……（写明法律文书）被××××（写明法院或有关机关、组织）以……（写明法律文书字号、名称）撤销/变更。……〔（当事人申请执行回转的，写明:）申请执行人×××于××××年××月××日向本院申请执行回转，请求……；（人民法院依职权执行回转的，写明:）执行回转的事实〕。

本院经审查认为，……〔（当事人申请执行回转的，写明:）×××的申请符合法律规定；（法院依职权采取的，写明:）执行回转的理由〕。依照《中华人民共和国民事诉讼法》第二百四十四条、《最高人民法院关于适用〈中华人民共和国民事诉讼法〉的解释》第四百七十四条、《最高人民法院关于人民法院执行工作若干问题的规定（试行）》第 65 条（不能退还原物的，增加引用第 66 条）规定，裁定如下：

（能够退还原物的，写明:）×××应在本裁定生效之日起××日内向×

××返还……（写明原执行程序中已取得的财产及其孳息）。

（不能退还原物的，写明：）对被执行人×××在原执行程序中已取得的……（写明财产名称、数量或数额、所在地等）予以折价抵偿。

本裁定立即执行。

审　判　长　×××
审　判　员　×××
审　判　员　×××

××××年××月××日
（院印）
法 官 助 理　×××
书　记　员　×××

【说明】

1. 本样式根据《中华人民共和国民事诉讼法》第二百四十四条、《最高人民法院关于适用〈中华人民共和国民事诉讼法〉的解释》第四百七十四条、《最高人民法院关于人民法院执行工作若干问题的规定（试行）》第65条、第66条规定制定，供人民法院在执行中或执行完毕后，据以执行的法律文书被人民法院或有关机关、组织撤销或变更的，执行回转时用。

2. 执行回转时，已执行的标的是特定物且尚为原申请执行人占有的，应当退还原物。不能返还原物的，可以折价抵偿。需要折价抵偿的，应按评估、拍卖、变卖等程序的要求另行制作相应的法律文书。

3. 执行回转应重新立案，适用执行程序的有关规定。

【裁判依据】

《中华人民共和国民事诉讼法》（2023年修正）

第二百四十四条　执行完毕后，据以执行的判决、裁定和其他法律文书确有错误，被人民法院撤销的，对已被执行的财产，人民法院应当作出裁定，责令取得财产的人返还；拒不返还的，强制执行。

《最高人民法院关于适用〈中华人民共和国民事诉讼法〉的解释》（2022年修正）

第四百七十四条　法律规定由人民法院执行的其他法律文书执行完毕后，该法律文书被有关机关或者组织依法撤销的，经当事人申请，适用民事诉讼法第二百四十条[1]规定。

《最高人民法院关于人民法院执行工作若干问题的规定（试行）》（2020年修正）

第65条　在执行中或执行完毕后，据以执行的法律文书被人民法院或其他有关机关撤销或变更的，原执行机构应当依照民事诉讼法第二百三十三条[2]的规定，依当事人申请或依职权，按照新的生效法律文书，作出执行回转的裁定，责令原申请执行人返还已取得的财产及其孳息。拒不返还的，强制执行。

---

[1] 2023年修正的民事诉讼法第二百四十四条。
[2] 2023年修正的民事诉讼法第二百四十四条。

执行回转应重新立案，适用执行程序的有关规定。

第 66 条 执行回转时，已执行的标的物系特定物的，应当退还原物。不能退还原物的，经双方当事人同意，可以折价赔偿。

双方当事人对折价赔偿不能协商一致的，人民法院应当终结执行回转程序。申请执行人可以另行起诉。